Achille Romaric Sieujeup

Le régime pénitentiaire n'est toujours un malheur

Achille Romaric Sieujeup

Le régime pénitentiaire n'est toujours un malheur

Éditions Muse

Cover image: www.ingimage.com

Publisher:
Éditions Muse
is a trademark of
International Book Market Service Ltd., member of OmniScriptum Publishing Group
17 Meldrum Street, Beau Bassin 71504, Mauritius

Printed at: see last page
ISBN: 978-620-2-29412-6

C'EST PARFOIS DANS NOS SOUFFRANCES LES PLUS GRAVES QUE NOUS AVONS DE GRANDES CONAISSANCES

LES SITUATIONS DIFFICILES NE SONT PAS FORCEMENT IMPOSSIBLES

Je dédie ce livre à ma mère qui fut la source de mon inspiration
Et à mon papa, mon oncle et mon petit frère, j'aimerais qu'ils soient tous là .

Mais à DIEU nous appartenons et à lui nous reviendrons.

Remerciements

-ASSOCIATION DES REFOULES D'AFRIQUE CENTRALE AU MALI (ARACEM)

-M. Edouardo LUCAS Directeur du Centre d'apprentissage international d'Algérie (ILCA)

- M. Regani NADJEM notaire

- M. Cheick CHAROUFA

- Dr. MANSOUR Ghania Psychologue

-Mme. Amel BOUCETTA Coordinatrice ONG

- M. Badis KHIREDDINE coordinateur du projet Adwaa Rights

Prologue

C'est vrai que la prison est déshumanisante, dénaturée, blasphématoire, mais elle peut aussi beaucoup apporter dans une vie.

Je me suis retrouvé face à face avec ma conscience dans ma prison, pendant que mon corps purgeait ma peine, mon esprit se confrontait avec moi-même.

Très souvent ce qui est de plus pratique dans notre société, nous accusons toujours quelque chose si c'est le destin, c'est le mauvais sort.

Mais nous ignorons complètement nos fautes, nos actes répréhensibles commirent dans lesquelles nous vivons encore.

Je ne crois pas qu'un seul homme soit né dans ce monde pour souffrir, là c'est ma pensée à moi et je me suis convaincu qu'elle est véracité.

Plusieurs d'entre nous périssent par faute de connaissance, l'ignorance conduit à la perte.

En parcourant ces quelques pages, vous allez comprendre pourquoi on dit le plus souvent à quelque chose malheur est bon. Sans la prison je ne sais ce que je serai devenu.

Nous avons le devoir et l'obligation de toujours honorer nos parents et leur obéir, car seuls eux veulent vraiment voir leurs progénitures réussir.

Toute personne a droit au respect qu'il soit grand ou petit, la liberté de tout un chacun se limite là où pour autrui commence.
Instruisons-nous, faisons sortir ce qui est de meilleur de nos esprits.

Ne nous trompons pas, la vie a ses réalités, tout finira toujours par nous rattraper tôt ou tard.

Dix-sept ans, oui je n'avais que dix-sept ans quand tout a commencé. Né dans une famille de sept enfants dont je suis le central, premier garçon et quatrième enfant, j'étais le chouchou de mes trois sœurs aînées.

Après la mort de mon papa je me retrouvai en très mauvaise compagnie, avec qui je commis plusieurs délits.

Je déclare mes péchés et les confesse en même temps, saisissant ainsi l'occasion pour demander en toute humilité pardon à tous ceux et celles que j'ai pu offenser en parole ou en acte. Puisse le tout puissant vous accorder la force de le faire.

J'aurais bien voulu être enseignant comme mon défunt papa après mes études, mais que dirai-je ? Qui accuserai-je ? Ma famille, moi ou le destin ?

D'ailleurs il n'a plus place aux questions en grosso modo, la narration que je vais vous faire est inspiré des faits réels.

COMMENT J'AI COMMENCE

A

VOLER

Un matin de février mille-neuf-cent-quatre-vingt ma mère m'appela

- Thierry-Thierry vas te préparer pour les classes

Je lui répondis négativement suivi d'un bourdonnement, au fait je fis la classe de deuxième année dans un établissement privée d'un arrondissement du pays.

Manjo, c'est ainsi que s'appelle cette petite ville de presque cinquante-milles habitants, ce fut là que nous habitions mes parents et moi plus notre benjamin. Mes autres frères et sœurs furent partagés entre mes oncles et mes tantes paternel et maternel, nous menions une paisible vie jusqu'à ce qu'arrive le décès de mon papa.

Après cela, tout mon univers fut chamboulé. Pour un début je tombai amoureux, Célimène se fut le prénom de celle qui conquit mon cœur. Je la vis pour la première fois lors d'une soirée culturelle qui se fit une fois dans l'année pendant une semaine au début du deuxième trimestre avant la veille des fêtes de la jeunesse, où tous les établissements scolaires de la petite ville durent être représentés.

Ce soir-là fut celui de son établissement, je la vis sur scène exécutant une chorégraphie, elle ne fut pas seulement belle mais aussi irrésistible, comme le soleil.

Je tombai sous son charme bien que je ne fus pas le seul, puisque j'entendis mes voisins de place lui porter des admirations. A la fin du spectacle je voulus bien faire une prise de contact mais sans suite favorable. La salle fut pleine à craquée, ce jour là presque tous les élèves de la petite ville honorèrent de leur présence.

La semaine des festivités terminée, l'école reprit son cours, connaissant déjà son prénom après m'être renseigner sur elle auprès de certains élèves qui jubilèrent à la fin de la prestation du ballet, je remis mon projet pour les jours qui allaient suivre, n'ayant pas pu lui adresser la parole ce soir là. Ignorant sa salle de classe je fis la sentinelle devant le portail de son lycée qui m'était bien connu, à peu près une vingtaine de jours. A chaque fois Je m'arrangeais pour arriver quelques minutes avant la sortie des classes et je la suivais en la regardant marcher toute fois sans avoir le courage de faire la causette comme le font les amoureux. Je ne sus pas où commencer pour arrivée à lui exprimer mes sentiments, même si les mots occupèrent la place, la timidité imposa sa loi.

Un week-end je partis rendre visite chez mon grand papa maternel comme à l'accoutumée. A mon retour, je voulus prendre un raccourci pour pouvoir vite arriver à la maison. Grande fut ma surprise quand je me retrouvais face à face avec celle que je convoitais tant, nos regards se croisèrent. Ses yeux de couleur d'azur me troublèrent, je gardai mon regard affectueux sur elle lorsqu'elle m'indexa

- Tu veux ma photo ?

- Oui plus que ta photo

Lui répondis-je en faisant un arrêt total et je me dis en moi même

- Thierry c'est l'occasion ou jamais, prends ton courage à deux mains et saisie là.

Elle qui s'arrêta aussi reprit en disant

- Comment ça, que veux-tu de plus?

- Il y a tant de semaines que je suis tombé sous ton charme.

- Ha bon depuis quand précisément ?

- lors de votre soirée culturelle passée et je suis même venu faire la sentinelle devant le portail de votre lycée plusieurs jours, dans le seul but de te regarder pendant tes sorties de classe.

Dans ses paroles qui furent direct, je compris qu'elle fut plus mature que moi dans ce domaine. Nous nous fixâmes du regard à tel point où je perdis ma langue pendant un moment avant de la retrouver, lorsqu'elle commença à me poser une série de question

- Comment appelles-tu ?

- Thierry

- Et le second ?

- Quel second ?

- Mais tu n'as pas de nom de famille ?

- Bien sûr que oui Nanko

- Dans quelle classe es-tu et dans quel quartier est le nom de ton établissement ?

- Deuxième année au collège de l'unité

- Seulement ? me rétorqua t-elle ?

Et quel âge as-tu ?

- Dix-sept ans, excuse-moi c'est un interrogatoire ?

- Tu peux toujours le prendre ainsi, mais s'il faudra que nous devenions des amis, je crois avoir le droit de te connaître un tout petit peu avant. Ou je me trompe?

- Et moi alors je n’ai pas ce droit aussi ?

- Bien sûr que oui qui t'empêche de poser des questions ?

Dans son franc parlé, je compris qu'elle essaya de me dissuader. Bien qu'ayant répondu à tout une liste de questionnaire qui me laissait croire que nous sommes d'un commun accord pour une relation amoureuse, ce fut plus clair quand elle finit par me dire ouvertement que cela ne peut fonctionner. Lorsque je lui demandais les raisons, elle me dit :

-Ne penses pas que le rang de classe soit le problème, il y a plusieurs élèves de ton âge en classe de terminale même dans la mienne aussi, mais la différence d'âge : Oui tu es encore mineur et moi pas. Si tu étais majeur, j'aurais pu te donner une chance.

Ce fut dans cette position que nous nous séparâmes, même si je fus chagriné, l'espoir qui resta à mes côtés me redonner confiance.

Le lendemain qui fut le premier jour de la semaine des classes, après ma sortie je me précipitai au plus vite dans son établissement pour cette fois ci lui faire la cour avec un poème que je passai toute la nuit à apprendre par cœur pensant pouvoir l'épater. Après quelques mètres de marche nous nous arrêtâmes sous un petit hangar en bordure du trottoir où vendait une vieille maman qui fut absente ce jour là, et je lui fis mon récit. Après avoir terminé, elle sourit et me dit :

- Tu n'as pas de chance, je pensais avoir été clair avec toi la dernière fois.

- Je ne crois pas à la chance, mais aux opportunités oui, et je les ai.

- Te voyant bien déterminé plus ce beau poème qui ma séduite je suis tentée, par ce que je te comprends, mais toi pas. Maintenant tu auras droit à une bonne explication de ma part pour mes raisons. Je ne voudrai pas avoir de problèmes avec tes parents, s'il te plait écoute moi bien, je suis ton aînée de six ans et c'est trop pour qu'ils entament une procédure judiciaire avec comme motif détournement de mineur s'ils arrivent à l'apprendre.

- Non -non-non je ne vais pas t'écouter de quel parents parles-tu?

L'amour n'a pas d'âge à ce que je sache.

- Oui c'est peut être vrai, mais la société a ses lois

- Quelle loi interdit les êtres de s'aimer?

- Tu ne peux pas comprendre maintenant mais plus tard j'espère que oui, s'il te plait excuse moi nous avons passé trop de temps ensemble de plus j'ai une commission de ma maman à accomplir. A la prochaine fois mon amoureux en cachette.

- Mais non ce n'est plus chose cachée puisque tu le sais déjà.

Elle me quitta d'un pas plein de pression et quand je lui dis :

- Célimène le plaisir a été pour moi de te revoir

Sans ralentir et d'une voix douce elle me répondit

- Ce plaisir est partagé.

Je restai là debout en la regardant s'éloigner jusqu'au moment où je la perdis de vue, ensuite je continuai également vers notre maison. Tout le long du chemin du retour je revivais cet instant tout en me mettant à l'esprit que cette relation est possible.

Je commençais plus tard à chercher des moyens pour me rapprocher d'elle , je me liais d'amitié à son frangin car je me dis qu'être l'ami de son frère devrait me donner plus d'avantages.

Les congés du deuxième trimestre arrivèrent, je profitai de ce temps libre pour prendre conseil auprès d'un grand-frère du voisinage qui avait beaucoup d'affection pour moi, chose que je fis déjà avec mes camarades de classe qui comme moi furent tous des débutants.

Je me rendis enfin chez mon voisin pour apprendre de lui, après lui avoir demandé qu'on se voit en catimini. Je lui fis part de la situation dans laquelle je me trouvai, il me fit asseoir sur un tabouret qui se trouva toujours dans leur véranda. Il prit un petit banc dans la cour arrière de leur maison et vint s'asseoir à mes côtés. Il me fit un prêche de plus d'une trentaine de minutes, en voici un extrait :

- Mon petit je te comprends, c'est tout à fait normal à ton âge mais tu dois faire très attention pendant cette période. Tu dois avoir un esprit de discernement, la puberté est une étape ou l'on doit savoir se contenir et bien organiser son esprit. Plusieurs jeunes à cet âge là commettent l'irréparable. Il faut bien gérer après tout reviendra dans l'ordre. Tu es jeune et as toute la vie devant toi, concentre toi sur tes études quand tu l'auras fini, tu pourras enfin gagner de quoi subvenir à tes besoins et de celle que tu choisiras comme ta compagne grâce à l'exercice d'un emploi. Tu m'as bien compris?

Je voulu lui donner quelques digressions que je ne saisis pas quand il m'eut interrompu en disant :

- Il y a pas de mais, sois raisonnable, une femme doit être entretenue pigé?

Bon mon petit j'ai une bricole à terminer, rappelle toi toujours de ceci : la vie est facile et difficile en même temps. Facile quand tu connais et difficile quand tu es ignorant.

Je le remerciai pour ses conseils bien que je voulu plutôt apprendre comment impressionner ma bien aimée et je retournai chez moi, qui fut à quelques pas de là.

Pour occuper mes journées pendant ce temps libre j'allai aux champs et parfois, j'accompagnai ma maman au marché où elle effectua son commerce de friperie. Par moment les week-ends au petit soir, je me rendai au grand carrefour de la pette ville où se déroula souvent une ambiance chaleureuse.

Durant ces fréquentations pour un moment de détente, je fis la connaissance de trois jeunes dans un vidéoclub. Ils se nommèrent Richard, Yve et Blondel,ils avaient presque le même âge que moi.

Les trois semaines de congé prirent fin et les classes reprirent, toujours en compagnie de mes nouveaux amis.

Un soir que nous fûmes ensemble, je les demandai comment élaborèrent-ils pour toujours avoir de quoi satisfaire leurs besoins car ils étaient toujours à la mode. Yve prit la parole et dit :

-Nous travaillons par moment,mais si tu veux la prochaine fois qu'il y a un travail nous te ferons signe et tu pourras aussi gagner de l'argent comme nous, tu fais déjà partir du groupe.

Comme si je m'attendai à cette proposition, je répondis par une affirmation.

Trois semaines plus tard Richard vint chez moi comme à son habitude depuis le début de notre amitié, pour me rendre visite. Il m'informa qu'un travail fut au programme dans cette soirée là, ma maman qui fit sa connaissance comme l'un de mes camarades de classe ne put qu'accepter quand je lui dis que je devais me rendre chez lui pour traiter un devoir de maison donc je n'eus pas le livre. Je pris deux cahiers et mon stylo à plume pour tromper la vigilance de ma maman et nous partîmes mon ami et moi.

A notre arrivée chez Yve,nous nous mirent à attendre Blondel parti chercher le matériel du travail comme ils me dirent. Le crépuscule s'annonça dèjà quand il arriva enfin avec un petit sac dans les mains. Tous ensembles nous nous assîmes devant la porte de la chambre d'Yve qui fut située à coté de leur grande maison mais séparer d'une distance d'environ deux mètres et demi à trois mètres, car leur cour familiale fut très grande. Nous bavardâmes pendant un moment sans faire allusion au travail en question, et petit à petit l'obscurité gagna l'azur du ciel et fut déjà plein aux nuages. La nuit bien avancée, nous quittâmes la maison avec le petit sac contenant les instruments nécessaires au travail en question qui fut porté toujours pas Blondel.

Nous marchâmes jusqu'au quartier voisin, après un bref arrêt devant une grande barrière j'entendis Blondel dire :

- C'est ici les gars : Ils sont partis tous pour des funérailles et ils ne seront pas de retour avant demain soir donc nous avons tout le temps de faire un travail propre. Nous allons passer par le petit portail qui est presque endommagé, en le forçant un tout petit peu il s'ouvrira.

J'eus un frisson en comprenant que le travail dont ils parlèrent depuis ces jours passer fut un cambriolage, La chair de poule m'envahit.

L'opération se passa merveilleusement bien, une fois de retour chez Yve, lieu qui fut comme le centre des commendes. Nous plaçâmes le butin en lieu sûr et nous nous couchâmes en nous serrant sur le lit qui fut confectionner que pour deux personnes. Je n'arrivai pas à fermer l'œil de tout le restant la nuit. Des questions me tourmentèrent sans réponse. Je venai de franchir la ligne rouge, quelle explication dus-je donner à ma maman pour avoir découcher ? Ce fut la toute première fois que cela arriva jamais dans le passé, même pendant les périodes des fêtes de fin d'année, qui fut pour nous les adolescents des journées où tout fut permis. Cette nuit là fut très longue, quand le brouillard nocturne virait au gris, les premières lueurs du jour s'annoncèrent. Mes complices dormaient encore profondément et si j'ai bonne mémoire, ce fut Richard qui fit bon entendre ses ronflement dans le silence de la nuit. Je réveillai Yve pour qu'il ferma la porte à mon départ et celui-ci me donna des instructions pour la suite.

A mon arrivée ma maman fut entrain de faire la vaisselle dans la cuisine, je lui racontai un mensonge après l'avoir saluer puis me pressai de prendre une douche pour me préparer car l'heure des classes fut proche. Prestissimo j'en allai au lieu du rendez-vous après l'école où mes complices furent déjà présent et n'attendirent que moi, une fois en leurs présence ma côte part du butin qui ce fit vendu à des receleurs bien connue de mes partenaires me fut remis en une somme d'argent qui m'éblouit et m'instigua à récidiver.

Un soir nous eûmes un travail comme nous l'appelâmes d'habitude mes complices et moi pour coder le mot vol évitant ainsi des oreilles indiscrètes, tout fut prête. Yve à quelques mètres du lieu de l'opération s'arrêta et d'une voix rassurante il dit:

- Les gars aujourd'hui c'est spécial même s'ils sont là ou pas le boulot doit se faire, j'ai un bijou pour contrôler la situation.

En soulevant ainsi son tricot le petit fusil fut placer entre son bas ventre et son pantalon jeans, ma curiosité demanda de le toucher. Pour la tout première fois de ma vie que je tins une arme à feu entre mes mains fut ce jour là, ensuite Blondel me demanda de lui donner aussi voir et il posa la question.

- Comment son truc-ci fonctionne même?

Tout en essayant de tirer, mais la détente resta dure alors Yve lui dit.

- Donne-moi ça voilà comme tu dois faire avant d'appuyer sur la gâchette, tu dois d'abords lever la sécurité que voici et ......

Banc, un coup résonna par une balle qu'il oublia dans l'arme croyant l'avoir retirer, alertant ainsi tout le quartier qui ce réveillèrent avec des cris bandit-bandit-bandit-aux voleur- aux voleur, nous prîmes la fuite.

Je fus dans l'étonnement et ne saurais vous expliquez comment ma maman fit pour l'apprendre, se soir là après le repas elle me demanda de rester à ma place et ordonna à mon petit frère de regagner sa chambre pendant qu'elle débarrassa les couverts sur la table. Quand elle finit d'une voix douce me demanda de lui suivre dans la cuisine où tous deux étant debout elle me fit un sermon d'une grande envergure donc je me rappelle ce point précis

- Nanko je vois d'une mauve œil tes fréquentations tout ces dernières temps fait très attention le monde est miraculeux, il faudra tout arrêter le plus vite avant que cela ne ce sache et ne fait pas comme si tu ignores de quoi je parle.

Je l'écoutai jusqu'à ce qu'elle eut fini sans mot dit, ce qui me troublai le plus fut de savoir comment a-t-elle sûr?

Ce qui reste un mystère jusqu'aujourd'hui puisque je ne lui ai jamais demandé. Pourtant je pris toute les précautions pour ne pas éveiller les soupçons, ou peut être son instinct de maternel.

En faisant une pose je me rendis encore plus serviable à la maison pour tromper sa vigilance.

Un matin très tôt Thomas le frère cadet de célimène que je réussis à gagner son affection et son estime ainsi que celles de sa sœur grâce aux cadeaux surprises que je leurs offris avec l'argent des forfaits que je commis, arriva chez moi les yeux tout rouge. A le regarder je compris, quelque chose n'alla pas bien du tout. Je lui posai la question de savoir ce qui le mis dans un tel état, il ne réussit pas d'articuler un seul mot avant que je ne lui donnai un verre d'eau à boire qu'il but comme quelqu'un qui eut une drôle de soif. Ayant étanché sa soif d'un souffle brusque il ce mit à m'expliquer la cause de sa douleur.

- C'est célimène elle a chuté hier nuit jusqu'à ce matin elle était toujours dans le coma et l'hôpital d'ici a fait une évacuation sanitaire pour celui de Nkongsamba en déclarant ne pas avoir les appareils compétent pour son car.

Inopinément devant cette situation qui vint gâcher mes plans, moi qui pensai l'inviter la fin du week-end rien que nous deux parce que la plus part des temps nous sortâmes toujours à trois, je restai là debout en lui fixant les mots pour lui consoler me manquèrent. Après un moment je lui raccompagnai chez lui en essayant de mon mieux de lui calmer et lui rassurer de mon soutient dans se moment difficile.

Pendant mon retour je pensai à partir le plus vite rendre visite à célimène, pour lui montrai ma considération en vers sa personne et pouvoir enfin conquérir son cœur. Bien qu'ayant accepté mon amitié elle me regarda toujours comme se mineur du premier jour de notre rencontre. Pourtant moi j'aurai bien voulu qu'elle me regarde en amoureux, mes intentions furent pour qu'elle finit par comprendre combien elle eut un très grand intérêt pour moi.

Nkongsamba est à une trentaine de minutes de notre petit ville en voiture, je partis au marché en faisant semblent de venir donner un coup de main à ma maman et je réussis à subtiliser une somme dans son porte monnaie sans qu'elle ne s'aperçut. Après avoir remis le reste dans la caisse de la boutique où cela ce trouvé, je lui donnai un faux prétexte quelques minutes plus tard pour me retirer en lui laissant croire que je me rendis à la maison. Je me rendis dans un vidéoclub pour que le temps passe vite et de pouvoir occuper mon esprit en visualisant un film car je voulus que demain arrive rapidement.

Le lendemain après que j'eus terminé les travaux qui furent à ma charge à la maison, je me hâtai de partir chez Thomas pour lui informer de mes intentions de partir rendre visite à sa sœur et je pensai aussi profiter pour rendre visite à l'une de mes soeur aînée qui vécut chez mon oncle de ce côté là.

A mon arrivée dans l'enceinte de l'hôpital, je me renseignai au service d'accueil. La jeune dame qui me reçut, dans son accoutrement en blouse blanche prit tout son temps à m'indiquer la bâtisse où se trouvèrent les personnes hospitalisés. En réalité je m'aime pas les hôpitaux, tout ses odeurs des médicaments me font mal au crâne rien qu'en les sentant et j'eus peu d'attraper une nosocomiale.

Je fouillai jusqu'à lui trouver dans l'une des chambres aux quatrièmes étages, dès mon entrée dans la pièce nos regards se croisèrent. Son visage fut pâle et ses yeux alarmant, elle me tendit sa main gauche et moi avec un semblent de sourire aux lèvres m'avançai vers elle une main tendu à mon tour. A mon approche je pris la sienne gardant toujours mon semblent de sourire aux lèvres on eut pensé que nous fûmes entrain de parler par télépathie vue la façon donc nous nous regardâmes.

Après un petit moment une voix vint nous sortir de notre suspend

- Vous êtes l'un de ses camarades de classes ?

Je hochai la tête en signe d'approbation en me retournant vers elle, ayant constaté qu'elle ne fut pas habillée en blouse blanche comme tous les autres membres du personnel. Je me posai la question intérieurement de savoir si ce fut-elle le docteur en charge de la patiente, celle-ci ce dirigea vers moi, à nos côtés elle posa une de ses main sur l'une de mes épaules en le caressant elle me dit.

- Cela doit passer d'ici quelques jours ainsi nous a dit son docteur, après qu'elle l'aura reçu cet opérations chirurgicales qui doit ce fait le plus rapidement possible. Elle sera définitivement écartée du danger.

Je lui remis les fruits que je tins toujours entre les mains depuis mon arrivée sans même m'en rendre compte, elle me remercia et me donna des compliments suivit d'une bénédiction. Je demandai alors à savoir où ce trouva la maman de célimène, elle répondit.

- Elle est chez le médecin puisque l'urgence nous demande de faire vite, nous sommes parti plaider que cela ce fait pendant que son papa trouve la somme restante pour compléter les frais qu'ils ont exigé pour l'opération. Mais le docteur nous a dénié en donnant la raison que l'hôpital n'est pas sa propriété privé, qu'il a une procédure à suivre avant la prise en charge d'un patient et rien ne peut être fait sans qu'il obtient un reçu venant du docteur major a-t-il ajouter et nous a conseillé de chercher l'argent le plus vite car le temps presse, sa maman m'a dit qu'elle partait essayer les négociations chez le docteur major.

Je me mis à penser en disant au dedans de moi, si nous fûmes l'un de ses gosses de riche l'argent ne put certainement pas être un obstacle. Mais la réalité me montra le contraire pour simple raison que nous fûmes des enfants des pauvres planteurs, qu'ils se nourrirent grâce à ses maigres récoltes de l'année et qu'ils permirent aussi à nous envoyer fait des études.

D'un triste ton j'annonçai mon départ, voyant de la tristesse dans le regard de célimène qu'elle me porta après avoir entendu ma prise de congé, je me courbai sur elle l'ayant chuchoté à l'oreille quelques paroles de réconfort en lui rassurant que j'allai revenir le plus rapidement possible. Elle se remit à sourire, d'un signe de tête je demandai à la femme que jusqu'à cet instant nous ne fîmes pas des présentations de me suivre sur la terrasse où je me renseignai sur le montant en question avant mon départ.

Arrivée à Manjo je fis un détour chez Thomas pour lui donner les nouvelles de sa sœur, celui-ci se réjouir d'apprendre qu'elle alla mieux. Je me rendis ensuite chez Yve à qui je demandai s'il n'eut pas un travail en vue, négativement il me fit signe de sa tête. Pendant que j'y revins pour me rendre chez moi, j'eus une rétrospection des cambriolages que j'eus dans le placard et cela me motiva d'en commettre encore un de plus. Je m'introduisis directement dans ma chambre en fin à la maison, des réflexions me tourmentèrent une pareil somme d'argent ne fut pas facile à trouver pour les personnes aux diapasons sociale des parents de célimène. Cet alors qu'une idée stupide me vint dans la tête de fouiller la maison à la recherche des économies de ma maman, d'ailleurs son commerce de friperie tourna bien et ce fut grâce à cela qu'elle prit soin de nous depuis la mort de mon papa.

Le lendemain comme à l'accoutumer après le ménage ma maman partit pour le marché, mon petit frère fut déjà partir lui aussi pour ses cours de vacances. Etant resté seul dans la maison je fis une intrusion dans l'armoire qui nous servit aussi d'ornement dans le petit salon, pour prendre le trousseau des doubles des clés qui en cas de perte furent utiliser comme clés de secours. M'étant introduire à l'intérieur de la chambre de ma maman je pris tout mon temps pour fouiller soigneusement la pièce. Le désespoir m'envahir quand je trouvai un mouchoir attacher en plusieurs reprises, pendant que je fus entrain de dénouer mon trophée les battements de mon cœur s'accélérèrent. Quel phénomène étrange à chaque fois que je commis une mauvaise action cette sensation fut toujours en moi. En tenant le contenu dans l'une de mes mains, une liasse de billet de banque que j'eus bien hésité avant de le mettre dans l'une des poches de mon pantalon. A voir le dessin que cela montra on put imaginer l'importance de la somme, je sortis de la chambre après avoir tout arranger à leurs places tout les objets sans laisser de trace comme un voleur professionnel toute fois en sachant qu'elle dut le savoir tôt ou tard. Mais je sus n'être plus à la maison pour encaisser les réprimandes ou subir les punitions de sa part, bien que mon action ne fut pas préméditer d'avance mon plan fut de ne plus revenir à la maison après mon départ.

Je quittai le domicile familial tout en sachant qu'une nouvelle vie m'attendit, pour me rendre à Nkongsamba une fois sur place je pris la monter qui ce dirige vers l'hôpital. Arrivée sur les lieux je remis une partie de l'argent à célimène dans une enveloppe que je pris soin de les classer en lui laissant croire que ce fut des cartes postaux où je fis plusieurs poèmes pour elle et en lui faisant me promettre qu'elle dut les lire qu'après mon départ. Elle souleva le cousin sur lequel sa tête fut reposée puis posa l'enveloppe en disant.

- Avec tout ces poèmes pour moi seul je sens que cette journée ne pourra qu'être merveilleuse et ta présence me donne encore plus de joie au cœur que tu ne peux l'imaginer. Tu es un ange je t'adore, s'il te plait fait moi un gros câlin.

Après l'avoir embrasser avec tendresse nous continuâmes les causeries et se fut pendant la conversation que j'appris qu'elle fut la tante de célimène petite sœur de sa maman la femme dont je trouvai lors de ma première visite avec qui j'eus le montant de la somme exact pour l'opération chirurgical. Connu déjà par sa maman comme ami de son fils Thomas elle me parla avec une gentillesse et me porta des conseils, je crus pour un moment qu'elle fut une voyante puisqu'elle toucha certain points me concernant personnellement. Avant de comprendre pendant la suite qu'elle se basa sur des expériences vécut.

Je les fis mes aux revoir et partis. Une fois hors de l'enceinte hospitalier, le début d'une aventure commença. Je pris un bus pour la destination de douala la deuxième grande métropole du pays une ville qui me fut totalement inconnue.

MON INCARCERATION

.....

Le voyage qui dura presque deux heures de temps fut moins fatigant grâce au confort de l'autobus et la route en bonne état circulable, arrivée à la destination finale je descendis dans la gare routière. Un remue-ménage incessant qui monte et descend presque tout les jours dans un grand bruit de bottes, d'éclats de rire, de grossièretés et d'insulte existant dans les endroits comme celui-là sont habituellement fâcheuse, ne sachant où partir je pris un moment à les observer avant de prendre un taxi pour le marché central. Le conducteur comprit rapidement que je fus nouveau dans cette ville et profita de la situation, il fit un détour et s'arrêta devant l'entrée principale en disant voilà le marché cela ce remarquer facilement en voyant le monde. A ma descente du véhicule la clôture de la gare routière fut tout près je compris alors le jeu, je visitai l'intérieur du marché pendant tout le restant de la journée.

La tombée de la nuit fut proche quand j'aperçus un groupe de jeune qui fut debout devant l'entrée principale non loin du grand portail du marché. Je fis un rapprochement vers eux en toute discrétion, pendant que l'obscurité prit le large petit à petit je compris qu'ils furent les sans abri comme moi des S-D-F: (sans domicile fixe) comme les appellent les habitants de ma patrie.
Les ayant salué je pris à part l'un d'entre eux à qui je racontai une histoire pour justifier ma présence, mais celui-ci me dit.

- Mon ami tous ceux que tu vois là sont comme toi chacun à une raison personnelle pour justifier de sa présence et nous nous serrons tous les coudes les uns en vers les autres, nous avons un bloc où nous passons les nuits même les propriétaires le savent donc t'as pas de souci à te fait tu pourras dormir tranquille sans rien payer à personne. Viens je vais parler de toi aux autres en faisant les présentations, seulement ici on ne souhaite pas la bienvenue.

Nous rejoignîmes le groupe et tout se passa bien, au moment de partir nous endormir Mokaké ainsi s'appela celui avec qui je fis ma présentation en premier, me tenant la main il dit.

- Viens mon frère c'est l'heure de partir reposer nos os demain est un autre jour s'il plait au créateur nous le verrons une fois de plus.

Nous avançâmes vers le bloc une fois sur place il me montra un comptoir en me précisant d'être prudent avec tout ce qui fut sur moi comme objet important, que pendant les nuit les gens se firent voler par moment par des poltrons profitant ainsi de notre sommeil. Très tôt tous furent déjà debout sauf moi le sommeil fut la ou sa sucrée, la fatigue et la récupération trouvèrent satisfaction. Mokaké vint me réveiller en disant.

- Debout- debout gars tu dois être réveillé avant l'arrivée des commerçants. Tu faisais comme tu le voulais chez toi mais ici non le système en place à ces règles et tous ce doit de le respecter, ne t'inquiet pas tu vas t'y habituer. Maintenant chacun part pour l'attaque tu es un lion et la forêt est très grande à ce soir mon ami.

Je sortis et errai dans la ville puis le soir je retournai au dortoir qui fut un comptoir dans un marché. Pour un premier temps je me nourris grâce au reste d'argent subtiliser dans la chambre de ma maman qui ne tarda pas de finir, alors une vie de misérable vue le jour, je me retrouvai entrain de faire le porteur. Quand les femmes riches vinrent pour acheter les vivres alimentaire de la semaine, avant qu'elles ne descendirent de leurs voitures, je courus vers l'une d'entre elles et demandai de porter son sac pendant que le ravitaillement ce fit. La paye variée selon la bonne humeur de la dame.
Moi qui eus un toit où dormir, une famille qui m'aimait bien, me trouvai dans une situation de mendicité.

Peu de temps après je trouvai un travail temporaire dans un kiosque à café dont le plongeur s'absenta pour des problèmes de santé. Comme le lieu ne fut pas excessivement loin du marché, cela me permis de faire un peu d'économie en ce qui concerne le transport à payer. De ce fait je me rendis chaque petit matin très tôt à pied pour y revenir le petit soir de la même manière.

Une nuit, oui cette nuit là que je n'oublierai jamais le six janvier mille-neuf-cent-quatre-vingt et un dans un sommeil de rêve, nous fûmes brutalement réveil par les agents de force de l'ordre qui nous conduisirent dans l'immédiat au poste de police. Sans même nous questionner à notre arrivée au commissariat ils nous enregistrèrent puis nous mirent à la geôle.

Le lendemain matin ils nous sortirent chacun à tour de rôle pour un interrogatoire, me tenant devant l'enquêteur qui me fit un questionnaire sur un vol qui eut lieu à quelques blocs de notre couchette dans l'une des boutiques qui s'y trouva là. Surpris je restai les yeux grandements ouverts.

L'enquêteur un monsieur de grande taille et d'une corpulence moyenne avec ses galons dorés d'or aux épaules ce leva tout doucement de son bureau fit quelques pas vers moi ensuite me donna une gifle bien centralisée sur mes deux joues en même temps et il me dit.

- Tu vas me dit où vous avez vendu les marchandises voler oui ou non?

- Chef je suis innocent je vous le jure c'est la vérité je ne connais rien de tout ce dont vous parler.

- Ha bon tu veux jouer au petit malin! Je te donne une dernière chance donnes-moi le nom de tes complices?

- Pardon chef c'est la pure vérité, je travaille comme plongeur dans un kiosque vous pouvez vérifier.

- Vérité tu dis hein? Tu la diras bien quand tu seras au cachot.

- S'il vous plait chef vérifier ce que je dis, je suis innocent.

- ok tu iras raconter tout cela au juge retourne en cellule espèce de voleur, je suis innocent, je suis innocent comme touts les voleurs ils sont toujours innocents.

Des quinze que nous fûmes, ils en relâchèrent onze et transférèrent les trois autres et moi au parquet où le substitut du procureur de la république nous reçut. Il nous posa quelques questions avant de nous demander de fait les mêmes procédés en signant deux formats comme au poste de police et il nous dit pour finir.

- Vous êtes sur mandat de dépôt un juge d'instruction vous appellera pour un interrogatoire et verra bien ce qu'il aura lieu de faire.

Les éléments de police qui nous accompagnèrent nous conduire à la prison centrale de douala.Quelle poisse je me trouvai au trou pour un délit que je ne commis pas.
La prison est un autre monde et chaque cellule est comme un pays dans laquelle existe toute une organisation d'hiérarchie qui ce compléta par certains détenus.
Exemple les chefs de salle, les cuisiniers, les chefs de corvée furent tous des détenus, mais eurent des avantage des chefs de détention qui les nommèrent.

Le milieu carcérale ce composa d'une cantine, des chapelles, d'un stade, d'une infirmerie et plusieurs quartiers. Les visiteurs qui vinrent et patirent après la visite, sans oublier des nombreux prédicateurs de toute les religions qui vinrent faire les prêches incessamments.
Ces détails précis concernent ma région d'origine.

Quatre mois furent déjà écouler quant enfin je me décidai de me confier au créateur lui le maître du monde, le tout puissant et le très miséricordieux, car je me dis en moi que ce fut mon karma qui fit surface. Mais à chaque fois que je partis dans l'une de ces chapelles écouter une prédication cela ce termina toujours mal pour moi, je pus dire que l'orateur s'adresser à moi personnellement comme s'ils attendirent tous de me voir avant de choisir le thème du jour. Et cela m'intrigua au point où j'en fis une pose, pendant la séance que je participai, je fis la connaissance d'un prédicateur à qui je racontai mon histoire en toute sincérité et il promit de m'aider en prenant l'adresse de ma maman pour lui donner les nouvelle à mon sujet.

A cet époque la technologie fit déjà son miracle les téléphones portables, le problème fut. Ils ne firent pas à porter de main comme aujourd'hui, seul les personnes aux conditions aisé purent s'en procurer si facilement. Ce qui ne fut pas le cas de ma maman.

Une journée ensoleillée bâtit son plein quand j'entendis mon nom dans la voix d'un codétenu, je répondis et il m'informa qu'un chef me demande au parloir pour une visite. Cette nouvelle m'époustoufla, arrivée là je vis ma maman de l'autre côté de la vitrine. En me regardant elle ne put contenir ses larmes, je fus content de la voir et triste quand je vis ses larmes ruisselèrent sur ses joues. J'imaginai la peine qu'elle put avoir en sachant son fils aîné incarcérer.
Le temps qu'accordèrent les gardes fut écoulé? La séparation ne fut pas facile mais obliger.

Comme par providence mon nom sortit parmi ceux qui furent appelé pour le parquet dans cette même semaine là que je reçus la visite de ma tendre maman, puisque je fus toujours en instruction.

Les gardiens en charge de notre escorte nous embarquèrent dans un fourgon blindé prévu pour la circonstance. Une fois sur les lieux ils nous firent descendre d'une manière grotesque, sans tenir compte des regards déchirant de la foule et leurs voix qui murmurèrent.

- Ce sont des prisonniers, oui ce sont des criminelles.

J'entendis une voix qui dit même le petit gars là, l'humiliation fut grande les menottes au poignet le regard fixer au sol jusqu'à notre entrée dans la salle d'attente qui fut comme une cellule mais avec des chaises. Je levai la tête en regardant le plafond, j'évoquai tout les dieux de mes ancêtres pour qu'un miracle se produit et que se termine enfin ce cauchemar.

Le juge d'instruction nous fit une convocation les uns après les autres, son assistant qui tapa sur une machine à la technique dactylographie pendant que nous fîmes nos déclarations. A la fin il remit une ordonnance de renvoie devant un tribunal à chacun d'entre nous.

La premier audience commença quand je fus déjà à un an et sept mois de prison, le matin de ce jour là j'eus l'espoir d'être élargir vue les propos que firent certains de mes codétenus après la lecture de mon ordonnance de renvoie. Comme me dit l'un d'entre eux qui fut un récidiviste notoire.

- C'est rien petit vue ton article, ils peuvent te relâché ou te condamner une peine déjà purger. Si j'ai ton motif je dors tranquille.

Mais grande fut ma surprise quand la sentence fut prononcer de quatre ans d'emprisonnement ferme aves dix jours pour faire cassation.

C'est vrai les premières semaines suivant ma condamnation ne furent pas facile mais je réussis à garder le morale haut grâce aux conseils et aux soutients de plusieurs codétenus.

Pour éviter certains désagréments et la cellule d'isolement qui fut pour ceux qui commirent des fautes, je m'inscris à la vannerie pour apprendre un métier car les règlements intérieur de la prison furent stricte et malheur à celui qui osa les transgresser.

Certaines organisations humanitaires passèrent spontanément nous rendre visite. Un des jours qui me marquai le plus dans cette prison, ce matin là un détenu fut convoquer au bureau de la discipline pour avoir enfreindre une interdiction chose qui ne fut pas tolérable dans l'enciente de la prison. Il reçut une bastonnade avec mention très bien pendant sa sortie peinant, à quelque pas hors du bureau il s'écroula mort subite.

Les autres codétenus qui se trouvèrent dans la grande cour se saisir de sa dépouille mortelle et une insurrection éclata au point où même plus un seul geôlier ne put se tenir encore devant la grille qui sépara l'entrée principale des locaux , ceux furent dans le bureau de discipline, furent les plus exposer en raison que leur bureau fut à l'intérieur de la prison mais ils réussirent à se retrouver hors de l'établissement de justesse et eurent ainsi la chance d'évité à un carnage. Toute tentative de reprendre le contrôle tomba à l'échec et plusieurs détenus se mirent à crier ainsi.

- Nous voulons le gouverneur- nous voulons le gouverneur- nous voulons le gouverneur-nous voulons le gouverneur.

Ils répétèrent encore et encore en lançant des cris déchirants. Dans la contrainte le régisseur céda à la demande et le gouverneur qui ne tarda pas à arriver avec une escorte mixte gendarmes, policiers et militaires, certains parmi ces éléments de force publique se minèrent aux alentours de la prison. On put les voir à partir de l'intérieur grimper les longs des murs, d'un signe de main que fit le gouverneur à son entrée le chahut de la foule se transforma à un silence de mort et il dit.

- Vous avez demandé à me voir, me voici donc quel est le problème?

Les voix s'élevèrent de part et d'autre dans la foule, renouvellent ainsi le signe de main le silence prit place au vacarme qu'exister.

- Je ne comprends finalement rien qu'une seule personne d'entre vous prenne la parole et parle au nom de tous.

Ce fut Arno alias assassin un ancien condamner à mort qui prit la parole, tout en prenant place au devant puisqu'il fut un peu en arrière de la foule.

- Merci monsieur le gouverneur si nous avons demandé à vous voir, c'est parce que nous n'ignorons pas l'étendue de vos pouvoirs et de vos compétences. Voilà l'un de notre coucher là raide mort il a été assassiné par les éléments du régisseur, celui là même qui nous fait voir de toute les couleurs. Nous voulons que le ou les coupables soient puni et réclamons l'affectation du régisseur merci encore monsieur le gouverneur.

Il reçut un oui à haute voix de toute la foule et les cris reprirent tous ensemble en disant.

- Affectation- affectation- affectation- affectation

Comme à chaque fois qu'il voulut prendre la parole, il leva la main et le calme revint.

- J'ai été informé de cette situation dès mon arrivée, toute vos doléances seront prise en considération une enquête sera ouverte et le ou les coupables seront soumise conformément à la loi en vigueur. Pour ce qui concerne le régisseur il est suspendu de ses fonctions jusqu'à nouvelle ordre, son adjoint assumera l'intérim.

Sur cette phrase toute la foule poussa un cri de joie qui exprimer leur contentement, pendant que la joie et les murmures se manifestèrent, le gouverneur fit appel au nouveau maître des lieux qui prêta serment devant nous comme on le fait dans la procédure habituellement lors d'une prise de service.

Vue le temps avancée n'ayant pas toujours reçurent de ration pénale, le gouverneur ordonna de nous donner un pain charger d'une boite de sardine à l'intérieur pour chacun des détenus. Ce que fit le nouveau gérant qui organisa et que les choses se passe vis à vis de nous puisque les objets en métal furent interdit dans l'enceinte de la prison, pendant que le partage se fit sur le contrôle des chefs de chaque salle, la protection civile eux aussi présent sortit avec le corps du défunt. La présence du gouverneur eut plus d'impotence parce que nous eûmes satisfaction et une ration de la sorte ne ce donna pas tout les jours. Le lendemain tout revint dans l'ordre comme si rien ne se passa la veille.

Quelque mois plus tard une grâce fut donner par décret présidentielle à tout les condamnés définitifs selon leurs motifs donc le mien en fit partie, mais mois qui optai pour la cour d'appel malgré les efforts persuasifs de mes complices qu'ils firent pour que je ne fis pas opposition au jugement n'aboutirent à rien quatre ans fut de trop me dis-je. N'étant pas concerner mes complices bénéficièrent à la remise de peine et furent élargir, sans le réconfort que m'apporta ma famille je crois que j'aurai eu une crise de folie.

Le système judicaire fut corruptible, je ne sais s'il l'est encore de nos jours mais à mon époque faute de moyen financier mon dossier resta sans être enrôlé devant un tribunal de cassation. Le magistrat en charge attendit toujours un pot de vin au point que ma peine fut déjà bien écouler.

Le garde en charge me sollicita pour une corvée de ravitaillement vue ma peine qui tira à sa fin, toute fois en demandant une lettre d'engagement manuscrite et signer par ma maman, ce qu'elle fit et je commençai les navettes. Sortant dès l'ouverture des bureaux je fis les commissions jusqu'à la fermeture des portes, je passai plus de temps à l'extérieur de la prison qu'à l'intérieur. Ce fut ainsi et dans cette condition que je finis de purger ma peine.

La prison peut se transformer en malheur quand vous voulez qu'elle en soit une, si non elle éduque, prêche et instruit je vais même vous faire une confidence. J'ai beaucoup appris de cette espérance. Comme le dit dans un recueil de pensées la souffrance est une école de sagesse ainsi parle un adage. Mais est ce que nous avons besoin de souffrir pour être sage?

Je pense que non seulement d'être pieux. Fait de la prison ne voudra dit que tout est fini pour vous, je sais ce que l'on peut endurer quant on n'est porteur d'une étiquette d'ancien détenu. Mais dites-vous que cela n'était qu'un passage de votre précieuse vie, nous devons savoir apprendre de nos fautes.

Je prendrais un exemple sur tant d'autres pour vous manifester ma pensée, de la prison à la célébrité Malcolm Luther un personnage mondialement connu plus sur le nom de Malcolm X . Après avoir passer six et demi dans une prison devint le jeune le plus influant et renommé de sa génération et a lui même dit dans l'un de ses nombreurs discours: Avoir un passé criminel n'est pas honteux mais ce qui est honteux c'est de rester criminel.

En effet c'est parce que j'ai eu faim que je comprends une personne qui est dans le besoin, parce que j'ai été enfermer dans une prison que j'attache un grand prix à la liberté, parce que j'ai été bafoué que je défens le respect dû à un être humain.

Si je te contais mes misères vécus, les pierres parleraient ou encore qe dis-je? L'homme ne pourra récolter que ce qu'il a semé. Si vous souffrez, soyez juste patient et espérez le jour ne nait-t-il pas de la nuit?

Le temps restera toujours le temps, mais les jours ce suivent et ne ce ressemblent pas. Si nous savons nous organiser et faire la part des choses, nous arriverons toujours à nous retrouver même si nous sommes envahis par tous les problèmes du monde. Seul une raison intuitive est capable au-delà des aspects de comprendre la totalité du réel, soyons juste irréprochable, instruisons-nous et nous arriverons à connaître l'unité de la nature. Faisons triompher ce qu'il y a de meilleur en nos esprits, toute personne qui pratique la fraternité ne vivra pas dans le manquement, ôtons de nos cœurs et esprits toutes pensées négative.

Notre seigneur nous donne des inspirations pendant les jours de notre existence, exposons-nous donc à les recevoir. Avant de goûter le bonheur des élus nous devons franchir l'enfer de l'anéantissement.

MA REINSERTION SOCIALE

Comme c'est bon de vivre en homme libre, d'ailleurs malgré tout la vie est bonne et belle même si elle n'est, rien ne lui est comparable.

Ma réinsertion sociale fut facile grâce à la corvée que je fis, elle me permit aussi de bien connaître la ville où je m'installai dès ma sortir. Commençant une nouvelle vie je me fis des nouveaux amis, je réussis à avoir un petit studio de deux pièces en location dans un quartier de la place que j'aménageai une pièce comme salon et la seconde comme ma chambre à coucher, je parvins à le payer grâce aux bricolages que je fis pour subvenir à mes besoins.

- Alain non-non-non nous t'avons vu, tu sais très bien qu'elle est ma tante et tu as osé faire cela non tu m'as trop déçu.

Ainsi apostropha Bernard, ce que lui et moi vîmes se jour là, en connaissance de cause fut incroyable mais pourtant vrai. Ils furent mes fidèles amis depuis mon installation dans le quartier, Alain qui vécut avec ses parents et Bernard avec sa tante qui fut veuf et trouva du plaisir à couchant avec les jeunes pouvant avoir l'âge de son fils adoptif.

- Donc c'est pour cette raison qu'elle t'appelle mon petit mari?

- Non-oui je dois vous expliquez.

- Tu t'entends même non-oui quel explication veux-tu donner traître.

- S'il te plait Thierry dit à Bernard de m'écouter

- Ok-ok on ce calme les gars, Bernard avant de condamner une personne on lui laisse au moins le temps de dit quelque chose pour sa défense. Vas-y Alain nous sommes tout oreilles.

- Il y a de cela quelques mois que je me suis rendu chez toi pour te chercher et t'avait absenté, ta ......

- Ta quoi soit plus précis mon ami, nous voulons savoir tout les détails.

- A peu près onze mois aujourd'hui, ta tante m'a

- Attend un peu Thierry tu as même bien entendu onze mois, donc c'est une vieille histoire et nous sommes là avec se traître ignorant tout les deux tu vois les amis?

- S'il te Play Bernard laisse Alain terminer, si tu continues à l'interrompre nous n'allons jamais finir de l'écouter.

- Merci Thierry comme je disais ta tante m'avait fait asseoir en me parlant de l'amour entre homme et femme, ensuite avait suivi avec des caresses en me disant qu'elle m'aime non comme l'ami de son fils mais comme une femme aime un homme, qu'elle fera de moi un homme un vrai homme. J'avais essayé de m'opposer mais elle réussit à me convaincre en me donnant un exemple en disant de   regarder un gros camion pourtant son chauffeur est un tout petit homme, continuant ses caresses je n'ai pas pu me contenir. Je m'étais excité et ne savais plus ce que je faisais, nous sommes passé à l'acte, après que nous ayons fini elle m'avait fais jurer que cela doit être notre secret et ne sera connu seulement de nous deux. Puis il me remit une somme d'argent en me promettant qu'elle me mettra au petit soin si je restais bien sage ce qu'elle fait depuis ce jour là, pour éviter tout soupçon elle renforça son amitié avec ma maman et noua le contact avec ma grande sœur. De la sorte quant elle veut m'offrir un cadeau elle le fait sous couvert d'une d'entre elles de cette manière nous pouvons tromper la vigilance de tout le monde puisque mes parents savent que je suis l'ami de son fils. Comment avez-vous même su?

- Ici c'est toi l'accusé, nous posons les questions et toi tu réponds non le contraire. Maintenant dit nous combien de fois cela c'est déjà passer comme aujourd'hui?

- C'est la huitième fois que cela arrive, s'il te plait Bernard excuse-moi cela ne doit plus ce répéter je t'en fais le serment.

- Je l'espère bien pour tout te dit je ne te reconnais plus, tu es comme un frère pour moi. Nous sommes amis depuis que je suis arrivé dans ce quartier à l'âge de cinq ans et nous avons grandi ensemble. Comment as-tu pu fait quelque chose pareil après tout ce que nous avons déjà eu à faire tout les deux, sache qu'elle est comme une maman pour moi et toi également comme je suis un fils pour ta maman aussi. Tu veux savoir comment nous avons su?
Voilà quand nous sommes venu te cherché pour aller au stade comme prévu, en apprenant ton soit disant malaise. Nous nous sommes découragé et ne voulons plus partir sans toi, ayant proposé à Thierry de faire un tour chez lui pour passer le temps et surtout que ma tante était encore t'entrain de faire la cuisine. Je ne voulais pas rentrer et attendre, je calculais arriver quand tout sera déjà prête, attendre souvent la cuisson augmente encore la famine. Après une bonne petite causerie j'ai ressenti une de ces faims puisque je n'ai rien mangé depuis mon petit déjeuné, j'ai demandé à Thierry de m'accompagner qu'elle aurait sûrement déjà finir de cuisiner. Pour ne pas lui déranger en cas où elle sera entrain de se reposer au salon comme elle le fait d'habitude, nous sommes passés par la porte du derrière sans fait de bruit comme les malfaiteurs. Vous ne m'avez pas entendu arrivée jusqu'à la porte de la

cuisine où toi avec ton pantalon et ton caleçon qui étaient baissé jusqu'à ta cheville et elle sa jupe était soulever jusqu'au niveau de ses reins, elle tenait la cuisinière et toi tu étais derrière t'entrain de galoper comme un cheval frapper par une rage. Ne croyant pas de mes yeux j'ai alors fais appel à Thierry d'un signe de main en l'indiquant de venir tout doucement pour voir si je ne rêvais pas, lui aussi a témoigné de ses propre yeux cet acte malsain et nous sommes retourné en vous laissant dans vos occupations voilà comment nous avons su.

- Alain, Bernard nous avons toujours été des très bons complices depuis que nous nous connaissons, tous les êtres humains peuvent commettre une erreur. Mais la meilleure relation n'est pas celle qui rassemble les gens parfaits, le mieux est quand chacun apprend à vivre avec les imperfections des autres et il peut y découvrir et admirer leurs bonnes qualités. C'est pour cette raison que nous devons apprendre à aimer les piquants dans notre vie, comme dit un langage courant le linge sale se lave en famille. Que cet histoire reste entre nous et que chacun de nous l'oubli une bonne fois pour tout. Maintenant laissez moi vous raconter ce que ma fait promettre hier la femme de ma vie quand nous nous sommes vu, puis chacun de vous vas me donner une idée sur la situation. Vous êtes sans ignorer combien elle compte pour moi.

Je pensai mettre fin au dilemme qui s'imposer, en changeant de sujet chose qui fonctionna. Au fait la femme de ma vie fut une jeune fille du quartier qui se nomma Elise. Elle habita à quelque pâté de maisons de nous, elle fut d'une beauté angélique avec les yeux revolvers qu'aucun homme ne put résister au charme, avec le temps je tissai une relation sentimentale pensant pouvoir aboutir au mariage et elle m'aima bien. Ce fut Bernard qui me posa la question en premier et dit.

- Mais Thierry tu as raté ta vocation hein, tu aurais du être prêcheur ou évangéliste plutôt que de passer ton temps à faire des bricoles; Raconte nous ce qui trame avec l'amour de ta vie.

- Elle est enceinte pourtant nous ne l'avons jamais fait et ce n'est pas tout. Le plus étonnant est qu'elle me demande d'accepter la paternité, les gars cela m'intrigue quelles sont vos conseils?

- Je pense qu'Alain est mieux placé pour t'éclairer dans cette situation, il joue déjà dans la cour des grands.

- Non Bernard Thierry à aussi besoin de ton point de vue et en plus tu es raisonnable que moi.

- Merci du compliment mais Thierry est meilleur conseiller que nous deux regarde par toi même, il est très responsable sans parler de son arrivée dans ce quartier aujourd'hui tout les parents du voisinage ont de l'affection pour lui comme si il avait toujours été des notres. Il est considéré comme un fils pour la plus part d'entre eux, son comportement est remarquable même ma tante lui prend pour exemple à chaque fois qu'elle veut me tirer les oreilles en me demandant d'essayer de fait comme lui.

- Tu n'es pas le seul même ma maman a une grande admiration pour lui et ne parle qu'en bien de lui, moi aussi je ne doute pas de ses connaissance mais l'amour qu'il porte à Elise peut lui fermer le raisonnement. Lui demander d'être le papa de son futur bébé est de trop, avant toute décision il faudra réfléchir au moins dix fois comme disait oncle Lannon. Il n'y a pas de fumée sans feu, cherche à connaître les raisons qui l'anime et après tu pourras te décidé.

- Merci les gars je dois l'admettre, je ne savais plus où j'en étais depuis hier, ce soir je partirai chercher à comprendre le mystère cacher.

- Thierry nous ne te comprenons du tout pas pourquoi tu t'entête d'aimer cette fille là pourtant il y a plusieurs bien plus jeune et belle qui courent après toi, par exemple la petite Gaëlle qui t'a déclaré sa flamme ouvertement en notre présence. Bernard et moi t'avons dis plusieurs fois de rompre avec cette relation mais tu nous as toujours ignoré.

- Vous savez très bien que votre amitié compte beaucoup pour moi, mais le cœur a des raisons que la raison ne peut être exprimé ni la bouche traduire les actes. Les gars je suis amoureux d'elle.

Pour parvenir à ses fin, il faut savoir être prudent ainsi parle un dicton de chez nous. Le soir pendant la tombée de la nuit je partis chez Elise.

- Bonsoir mon petit cœur

- Bonsoir mon amour mais je ne m'attendais pas à ta visite aujourd'hui, puisque tu ne viens jamais sans prévenir d'avance. C'est une première tout vas bien Thierry?

- Tu as raison et je m'excuse pour ce désagrément, après t'avoir quitté hier toute ma nuit a été faite de réflexion.

- Pourquoi j'ai comme une intuition que tu as parlé de ma situation à tes deux amis, je te connais assez bien pour savoir quand tu dis la vérité ou pas tu me caches quelque chose. Si c'est le cas, sache que ni l'un, ni l'autre ne voit notre relation d'un bon œil, ils m'ont tous deux fait la cour avant ton arrivée dans ce quartier et je les avais répondu négativement à leurs avances chacun son tour.

- S'il te plait ma chérie une grossesse n'est pas quelque chose à prendre à la légèreté, tu réalises que tu seras maman dans quelques mois?

Nous sommes ensemble depuis presque trois ans aujourd'hui t-ai-je une seule fois harcelée?
Pourtant j'en meurs d'envie de passer des nuits avec toi, mais les sentiments que j'éprouve pour toi sont pures et sincères. Si tu m'aimes aussi de la sorte, raconte-moi toute l'histoire et sache que je serai toujours avec toi dans cette situation, une vie en couple ne doit pas avoir des secrets pour les deux partenaires et je te considère déjà comme mon épouse.

Les larmes envahirent ses yeux et se mirent à couler tout doucement sur ses joues, elle demeura silencieuse pour un bon petit moment. Pendant ce temps je me mis à penser à ses propos concernant mes amis, peut être elle put dire vrai vue la pression qu'ils me firent de rompre avec elle. Nous fûmes debout devant leur véranda, elle essaya de cacher ses yeux avec ses mains de la lumière de l'ampoule qui éclaira la grande cours, qui me parut lui gêner. Face à cette douleur qui s'exprima en larmes je lui proposai de faire les cent pas question de lui remonter le morale, car je sentis en elle la détresse, durant la distance je continuai à lui rassurer mon soutien. Je crois qu'elle n'en pouvait plus quant elle se saisit de moi en m'embrassant très fort contre elle et susurra dans mes oreille.

- C'est mon papa qui ma mise dans cet état Thierry s'il te plait aide-moi.

- Quoi ton papa tu dis, comment est ce possible?
Soit plus explicite, je ne comprends rien de cela.

- Il m'a violé plus d'une fois, il y'a de cela quatre mois à chaque déplacement de ma maman pour des raisons de son travail.

- Oui je sais que ta maman voyage un peu trop à cause de son job. Mais ce que je ne comprends pas,c'est comment cela a commencé jusqu'en arriverlà ?

- Je ne sais comment expliquer moi même, je n'avais rien compris et ne comprends toujours rien à chaque fois que cela est arrivé. La première fois je m'étais réveillé le matin près de lui dans mon lit, mon drap était tacheté de sang il avait pris ma virginité pendant mon sommeil et en me voyant paniquer, il c'était levé en disant calme toi ma puce tu es une femme maintenant et cela se passe toujours de cette manière là dans mon inconscience je me réveilles lui trouvant à mes côté dans mon lit je te le jure, je te le jure il faut me croire. J'avais honte que cela se sache, c'est pour cette raison que j'ai gardé le silence, c'est une abomination père et fille. Voilà la triste vérité s'il te plait promets moi de la gardé rien que pour toi seul si tu m'aime vraiment.

- Bien sûre que je t'aime et je te crois mais tu es victime d'un viol et comme tout les violeurs ton papa doit être puni par la loi. Excuse moi chéri je ne peux pas approuver un tel comportement et tu vois là où la honte ta conduire?

Peut être l'irréparable ne devait pas exister si tu t'étais confié à quelqu'un dès la première fois particulièrement à ta maman.

- Fait le pour moi je te le demande s'il te plait mon amour, je serai la risée de tout le quartier si les gens l'entendent.

- Mon amour tu ne dois pas vivre pour plaire aux gens ou être apprécier d'eux, vie dans la dignité en respectant les interdits et les gens en retour te respecteront qu'ils le veulent ou pas parce que tu l'auras mérité.

Tout au long de notre conversation j'essayai de lui raisonner, accompagnai de quelques petits câlins et elle me promit d'informer sa maman qui fut déjà de retour de son voyage. Je lui raccompagnai jusqu'au devant de leur portail où je vis sa maman non loin de la porte centrale de la maison à qui je fis même des salutations.

Les jours passèrent, nous fûmes dans mon petit salon de trois chaises et une petite table que je peignis d'une peinture à huile de couleur grise, oh comme cela fut beau à voir. Mes amis et moi discutâmes sur un sujet peu important quand ils arrivèrent sans frapper à la porte, deux jeunes hommes bien bâtis et le papa d'Elise. Il se plaça devant nous d'un ton autoritaire le papa dit.

- Je suis venu chercher ma fille, où est-elle?

Pendant ce temps les deux jeunes hommes restèrent à la porte comme des robots, tous surpris mes amis et moi nous nous regardâmes en signe d'étonnement. Ce fut Alain qui eut le courage de lui rétorquer en disant.

- Nous parlons même de quoi là?

- Demande cela à ton ami, ma fille a disparu depuis cinq jours aujourd'hui et aux dernières nouvelles on ma dit les avoir vue ensemble main dans la main la veille de sa disparition.

Avant même d'avoir le temps de parler il ordonna aux deux jeunes de fouiller ma chambre, ne l'ayant pas vue il se fit encore entendre cette fois avec un ton de colère.

- Où là caches-tu?

Cela doit te coûter très cher si je ne retrouve pas ma fille en bonne santé.

Comme à leur arrivée ils repartirent sans proférer une parole de politesse. Après leur départ mes amis commencèrent à m'intriguer, ce fut Alain qui ouvrir le débat.

- Mais Thierry tu ne nous avais pas raconté ta dernière visite chez la femme de ta vie comme tu as l'habitude de le faire quand tu veux lui donner des éloges.

- Que veux-tu insinuer par là?

- Non Thierry je pense qu'il veut juste te dire que la femme de ta vie comme tu nous le dit à chaque fois que tu veux parler d'elle a disparu, pourtant aux dernière nouvelles tu nous avais fais savoir qu'elle était enceinte. Et que tu n'etais pas l'auteur parce que vous n'avez jamais fait, te connaissant je serai prêt à témoigner que tu n'as rien avoir dans cette histoire. Mais nous ne devons pas prendre à la légère les menaces du vieux, il a été direct Alain qu'en penses-tu?

- je crois que nous devons aussi entrer dans les recherches puisqu'il accuse déjà Thierry derrière tout cet histoire, le pauvre il croit que sa fille est une sainte pourtant il y'a plusieurs prétendants là dehors et il ne sait même pas qu'il sera grand-papa très bientôt.

- Les amis je ne vous ai rien dit depuis parce que c'était un secret et elle m'avait supplié de ne pas le partager même avec vous et je lui avais donné ma parole maintenant qu'elle a disparu, je me trouve dans l'obligation de manquer à ma promesse. Nous nous vîmes belle et bien cette nuit là et elle me dit que le responsable de sa grossesse fut son papa, que celui-ci lui avait violé plusieurs fois. Qu'elle avait honte que les gens le sachent, je lui avais raccompagné jusqu'à devant leur véranda où j'avais même salué sa maman avant de repartir, les gars voilà l'histoire.

- Histoire funeste, qui Thierry son papa tu dis?
Là je pense que nous allons devoir raconter l'histoire à une personne qui à un esprit bien plus aviser que le notre, la maman d'Alain et en plus elle est une notaire. Elle pourra nous être de très bon conseil, c'est compliqué avec le nom du papa impliqué.

Nous partîmes tous trois chez Alain où je narrai tout l'histoire à sa maman, elle qui voulut me réconforter dit.

- Non pas Elise une jeune fille obéissante et respectueuse comme elle, pourtant je crois que cela peut marcher entre vous deux, oui nous sommes vos parents et savons ce qui ce passe même si nous ne disons rien.

Je me dis en moi si elle put savoir ce que son fils fit avec sa meilleur copine, après je pensai peut être elle sut mais comme l'argent fait des miracles, la bouche et les yeux restèrent fermer. La tante de Bernard fut une veuve heureuse comme les appellent certains personnes de mon bled, elle eut à hériter une grande fortune de son défunt mari qui mourut mystérieusement dans son lit sans être malade.

Le lendemain la maman d'Alain ce rendit chez les parents d'Elise pour prendre les nouvelles d'elle comme promis, à son retour elle nous informa que tout fut normale, que nous nous inquiétâmes pour rien. Je me rassurai quant elle dit enfin.

- Elise ce trouve depuis ce temps là chez sa tante du côté de la cité des palmiers, vous pouvez dormir tranquille mes petits lapins.

Cette face me fit passer une période de renfermement car j'eus une grande affection pour cette fille, le goût au bonheur reprit que des mois plus tard. Un soir j'entendis frapper à ma porte, après l'avoir ouvrir qui je vis devant?

Elise qui ce cria

- Surprise donne-moi un baiser avant que je n'entre chez toi.

Chose que je fis sur l'une de ses joues et elle protesta en disant.

- Non comment tu me donnes un baiser comme si tu voler seulement, donnes-moi sa sur mes lèvres ou je ne suis plus ton amour?

Presqu'une année fut passé sans que j'eus des nouvelles venant d'elle, malgré cela je l'invitai d'entrer après l'avoir donner se baiser comme elle exigea et la demandai de faire comme chez elle. Son accoutrement montra clairement qu'elle ne fut plus la même, oui un très grand changement celle qui aima s'habiller de manière respectueux, ce présenta en tenue sexy. Nous fûmes entrain de bavarder en toute petite voix subitement quand elle me posa la question suivante.

- J'espère que tu as des préservatifs?
Parce que j'ai besoin de toi, fait moi l'amour jusqu'au petit matin. Aujourd'hui tu ne dois pas dormir fait de moi ce que tu veux.

D'un signe du doigt je lui répondis négativement, elle qui prépara tout au préalable me répliqua.

- Heureusement que je marche toujours avec quelques un dans mon sac à main, on ne sait jamais.

Ainsi ce passa cette nuit là corps sur corps tous deux nue comme le jour de nos naissances, au levée du jour elle repartit en me donnant l'adresse de sa tante et m'invita de passer lui rendre visite dès que l'occasion ce présente. Je ne cherchai pas à savoir ce que devint la grossesse de peu que les mauvais souvenirs ne remontent en surface.
Très fatigué et en même temps joyeux, je me levai pour me rendre chez Bernard après avoir prise une tasse de café au lait pour lui raconter l'histoire. Chemin faisant je rencontrai ma voisine d'en face, une maman célibataire qui vécut avec son fils presque du même âge que moi, l'ayant demandé d'après lui elle m'informa que celui-ci se trouva dans un centre de détention.
Pour avoir abuser de sa maman en mélangeant les comprimés de son traitement avec un somnifère puis coucha avec elle dans son sommeil, celle-ci ne le sut que lors d'une visite à l'hôpital pour savoir l'état de sa maladie. Lorsque son docteur la félicita en lui annonçant la nouvelle elle fut étonnée. Ne comprenant rien elle expliqua au médecin que cela ne put être possible et elle ne connut pas d'homme depuis la séparation de corps avec le papa de son fils. Après les enquêtes elle constata que son propre enfant fut l'auteur et déclara celui-ci à la police, propos que j'appris quelques jours plus tard. Comme le dit un journaliste de tam-tam week-end une émission télé de chez nous: Le monde est formidable vivons seulement.
Trottinement un matin que je me rendis sur un chantier très tôt, un véhicule gara au devant de moi sur la chaussée. Moi qui fus sur le trottoir ne fis pas attention en continuant mon chemin, la même voiture gara de

nouveau à quelques mètres au devant de moi. Une belle dame descendit et s'adossa sur le carpeau arrière du véhicule, quand je voulus de nouveau la traversée, la dame m'interpella par une salutation accompagner de mon prénom.

- Bonjour Thierry.

- Bonjour madame excuser moi je ne crois pas vous reconnaître.

- Cherche encore bien mon tendre ami.

- S'il vous plait ma mémoire à besoin d'être rafraîchir.

- Donc tu ne me reconnais pas, tu nous as dont oublié thomas et moi ?

- Non célimène c'est vraiment toi?

Tu t'es beaucoup émanciper au point de perdre ta morphologie d'avant, je ne t'ai pas remarque comme tu as vraiment changé.

- Je ne dirais pas de même pour toi car tu es resté identique sauf la petite barbe qui a poussé et j'espère que ton cœur est aussi resté le même? Tiens voici ma carte de visite je risque d'arriver avec un retard, il me faudra déposer l'enfant dans son école avant de continuer pour mon boulot. S'il te plait promet moi de m'appeler.

- Je te le promets, j'étais ravi de te revoir.

Je déclinai sa proposition de me déposer bien que nous dûmes prendre le même trajet, en observent son véhicule jusqu'à perte de vue je hochai la tête en parlant tout seul comme un fou et me dis.

- Le monde est vraiment miraculeux comme disait ma maman, hier tu peux survivre avec difficulté et le lendemain être parmi les personnes les plus heureux de la société.

Voyant le risque d'arriver après l'heure au rendez-vous qui fut pour un entretien d'embauche, je me mis à trotter. Des mois passèrent et je continuai à vaquer à mes occupations, car le contrat de travail que je finis par l'avoir fut pour un bon nombre de mois.

Un week-end jour de mon repos je m'ennuyai et j'eus besoin d'une compagnie féminine, je pensai alors à célimène. En réalité depuis nos retrouvailles l'idée ne me franchit pas l'esprit jusqu'à ce jour là, ayant pris mon téléphone portable qui fut déjà à porter de main grâce aux avancées de la technologie. Je composai son numéro marqué sur sa carte de visite, en l'appelant j'eus l'intention de lui faire une invitation. Le téléphone sonna pour un moment avant qu'elle décrocha.

- Allô ! Bonjour célimène c'est Thierry à l'appareil, comment tu vas?

- Ha Thierry salut enfin tu appelles, excuse moi pour avoir tarder avant de décrocher, je suis entrain de faire la lessive. Je vais bien par la grâce de dieu, Sauf que je suis surmené par le boulot et toi?

- Merci je ne me plains pas, je voulais juste avoir de tes nouvelles.

- Après une séparation de plus d'onze années j'attendais ton appel très tôt mais tu ne le fais qu'après huit mois, je dirais même neuf parce que nous sommes à moins d'une semaine pour le neuvième mois. Ayant reçu mon adresse par pure coïncidence, donc notre amitié ne compte plus pour toi?

- Ne dit pas une tel sottise tu sais bien le dicton qui dit l'homme propose et dieu dispose, pendant tout ces années de séparation plusieurs choses ce sont passé. Regarde toi tu as déjà même un môme.

- Non ils sont deux, excuse-moi je ne te coupe pas la parole le second était parti avec son papa plut tôt, il est déjà un grand garçon à six ans.

- Bien ça mes félicitations donc tu t'es déjà marié ou tu vie

en concubinage?

- Cela fait dix ans que je suis marié avec Maurice c'est ainsi que s'appelle mon mari, je lui ai même déjà parlé de toi nous n'attendons que ta visite. Thomas et moi avons bien voulu que tu honores de ta présence au mariage, mais comment fait pour t'inviter nous sommes passé chez toi plusieurs fois et t'avons toujours absenté. Même ta maman disait ne pas avoir des nouvelles de toi.

- C'est une longue histoire donc je n'aimerais plus m'en souvenir, Thomas-Thomas mon très cher ami que devient-il?

- Il est au campus de l'université des montagnes du côté de l'ouest, dès que nous serons ensemble je te donnerai son contact. Je pense qu'il est le seul à pouvoir répondre cette question.

- Ok je vous rendrai visite un de ces jours, passe mes salutations à ton mari et aux gosses s'il te plait.

- Merci je n'y maquerai pas, mais dit tu n'as pas perdu le sens d'humour. Je t'en supplie viens le plus vite possible.

- Compris, portez-vous bien et prend grand soin de vous baye.

Dès que je raccrochai, je me trouvai dans l'obligation de rectifier le tir car elle fut déjà marier. En parcourant ma mémoire, je me retrouvai avec une ancienne détenue avec qui je fleuretai un petit moment. Elle aussi corvéable de ravitaillement au quartier féminine, directement je me rappelai de l'une des conversations que nous fîmes un jour pendant une partie de plaisir Elle me dit.

- Bébé est-ce que tu sais qu'il y'a des innocents en prison?
Moi par exemple je suis innocente mais les juges m'ont condamné.

En caressant ainsi son corps puisque nous fûmes nues, je la répondis en disant.

- Oui ma puce tu peux peut-être innocente pour le motif qui t'inculpe mais coupable pour plusieurs regarde un peu, pour te retrouver en prison tu dois être coupable ou suspect en car de l'un des deux, tu n'es plus crédible aux yeux de la société.

A la fin elle me demanda de rester tranquille et de continuer de l'embrassée. Dommage que plusieurs d'entre les hommes m'aiment pas écouter la vérité;

J'en eus marre de cette vie de débauche et de fornication, je me décidai de retourner dans ma ville d'origine pour y prendre une épouse. Ma maman fut très satisfaite de savoir que je projetai de me marier et aussi de ma présence dans la maison après une absence de plus de treize ans.

Il est difficile de quitter sa maison, mais il es encore plus difficile de revenir après tant d'année sans stailité.

La conquête commençai très vite car je voulu rentrer le plus rapidement dans la grande ville où j'eus déjà les rouages du système, pour cette fois ci construit une meilleur vie avec ma compagne.

Quelques semaines plus tard je fis la connaissance d'une jeune fille du nom de Jardine à qui je fis part de mes intentions, elle répondit positivement à ma demande en mariage, ma maman fit appel à son petit frère. Ce fut à lui qu'elle confia la charge de représenter notre famille. Tout fut bien organiser, la dote ce paya grâce à mes économies faite lors de mon dernier contrat de travail et le jour du mariage ce fixa entre les deux famille. Comme ce fut une union traditionnelle les préparatifs purent durée selon vos moyens.

N'ayant pas plein dans les poches je limitai les festivités à trois jours, le premier jour nous allâmes ma famille, mes amis d'enfance et moi chez ma future épouse où nous passâmes toute la nuit à chanter et danser devant la cour de leur maison jusqu'au petit matin. Le deuxième jours ce fut la future mariée d'agir de même, mais nous arrêtâmes un peu plus tôt et sa famille fut rentré en la laissant seulement avec ses camarades d'enfance. Mes amis et moi les tînmes compagnie, nous nous assîmes dans le vieux sofa des mes parents dans le salon de la maison familiale jusqu'au matin t'entrain de bavarder en faisant du thé vert. Le troisième jours fut celui où le marabout dut consacrer notre union devant les hommes et devant le createur, la cérémonie qui ce présida devant notre maison en présence de plusieurs invités c'échoua avant l'arrivée même du marabout.

Pendant que nous fûmes entrain de festoyés en attendant l'heure du programme, deux voitures et une dixième de motos surgirent de nul part. Les passager à bord furent tous armé des machettes et des gourdins, ils firent une interruption puis ils s'emparèrent de celle qui fut à l'honneur du jour et repartirent en toute vitesse comment à leurs arrivée.

Le cortège qui composa plusieurs faces familière de tous, ce suivirent par mon oncle et ses amis. Toutefois avant de partir il me demanda de rester sur place et d'attendre leur retour, mon oncle fut un homme très populaire ce qui expliqua la présence de plusieurs monde.

Mes trois petits frères qui furent tous vêtir de la même tenue que moi et certain de mes amis ce groupèrent auprès de moi, tout les invités qui eurent une affinité avec ma famille ce mirent à poser la question de savoir ce qui ce passe. Ils reçurent tous la même réponse leurs disant de ne pas savoir plus qu'eux et ce fut le cas.

Mes grandes sœurs vinrent me trainer dans le salon où ma maman nous attendit et elles ce mirent à me calmer parce que je commençai à m'agiter.

Quelques heures plus tard mon oncle et ses amis revinrent, tout l'assemblée du moins ceux qui furent encore là entrain de bavarder en petit groupe. Ce réunirent pour écouter ce qu'il voulut leurs dire. D'une voix triste et de son caractère dont il parla en gesticulant les mains, il annonça l'annulation de la cérémonie en essayant de vouloir donner une explication qui ne tint pas debout et ainsi ce termina le mariage.

Presque tout les invités furent partir, mon oncle, son ami qui mit sa voiture à la disposition de la fête et moi prîmes la route pour nous rendre chez les parents de ma femme je peux l'appeler ainsi puisque sa dote fut déjà payer. Mon oncle refusa de me dit ce qu'il apprit du lieu où ils revinrent ses amis et lui, il ce mit à poser la question pendant que nos fûmes en chemin

- Où as-tu connu cette fille?

- Chez ses parents bien sûr n'est ce pas toi qui les à verser la dote?

- Si mais ....

- Mais quoi oncle?

- Non rien on y va

A notre arrivée le papa de la maison nous reçut, lui qui fut déjà informer de la situation nous parla tristement en disant.

- Prenaient place mes fils je vous en prie, vous seriez toujours la bienvenue dans cette maison. Mon fils tu dois être fort ce mariage n'aura plus lieu, les gens qui sont venu enlever ta femme comme une prise t'otage étaient les émissaires de son papa biologique. Moi je ne suis que son grand papa, c'est ma femme et moi qui lui avons élevé depuis qu'elle avait l'âge de deux ans. Abandonner à notre fille par celui-ci après leurs divorce, elle nous l'avait confié lorsqu'elle voulait partir dans un pays étranger d'où elle vit depuis plusieurs années. Elle qui avait trouvé une opportunité d'y aller en nous confiant la chair de sa chair qui est aussi ma chair, aujourd'hui l'enfant ayant atteint l'âge de se marier. Je croyais avoir tout les droits de lui donner à un mari de son propre choix en plus, mais je me trompais. Après avoir kidnappé sa fille il m'a envoyé des messagers en me disant que tant qu'il aura sa tête sur ses épaules, ce mariage n'aura jamais lieu pour avoir essayé de défier son droit de paternité. Mais pour ce qui concerne la dote revenaient demain je vais vous remettre ce qui est encore là et le reste plus tars, nous sommes vraiment désolé ma famille pour tout ce qui est arrivé mais ne pouvons rien faire la loi lui donne des droit sur sa fille.

Le papa de Jardine fut un monsieur de classe moyenne qui eut quelques biens et réussit à les fructifier après son divorce avec la maman de sa fille et ce remaria toutefois en gardant particulièrement un œil sur son enfant par le canal de son petit frère qui lui aussi ne fut pas informer. Chose qui les choqua pourtant celui-ci leur rendit visite presque chaque mois en gardant des présents pour sa nièce.

Nous fûmes sur le chemin de retour quand mon oncle avoua d'être déjà informer de cela chez le papa de Jardine car ce fut chez lui que les émissaires furent arrêter avec la fille et lui fit entrer dans la maison ensuite il dit.

- La faute vient du grand papa s'il l'avait dit à l'oncle de la petite rien de tout ceci ne sera arrivée quel parant ne veut pas voir son enfant se marier?

Il se contentait seulement de prendre les cadeaux et l'argent quant on lui donner et au moment d'envoyer la fille en mariage il ne le tient pas informer dit moi ce que tu devais faire si tu étais à la place de cette famille?

Ne sachant plus quoi faire je m'égarai dans mes pensées, une colère amplifier de la honte me tinrent, jamais je ne vis ou entendre un mariage ce terminer de la sorte. Merde pourquoi moi je me criai dans la voiture en tapant avec mes main sur le siège arrière dont j'occupai et mon oncle me calma.

Ma maman et quelques une de ses camarades du voisinage furent encore t'entrain de converser sous la tente qui fut dresser pour l'occasion devant notre cour à notre arrivée, mes frères et sœurs ce chargèrent de raccompagner les invités restants, les plus privilégiées furent ceux qui firent le déplacement d'une autre ville. J'entrai directement dans la chambre de mon petit neveu qui habiter avec sa grande maman après les avoir fait un signe de main, restant debout dans cette pièce qui fut la mienne pendant mon adolescence les yeux braquer sur le plafond les pensées me troublèrent quand le petit me dit.

- Tonton tranquillise toi et viens te coucher cela te fera du bien.

Je le fixai regardant son jeune âge me raisonner, lui qui fut allonger sur le lit ce leva après m'avoir demandé de me reposer et sortie. Je m'enfermai dans la chambre ne voulant voir ou entendre personne, même mes deux amis que je considérai les plus depuis ma mise en liberté Alain et Bernard eux qui firent aussi le déplacement pour l'évènement ne réussirent pas à me fait céder, Ils frappèrent en m'appelant, tous furent inquiet de ma

situation.
Essayant de nouveau puisque plusieurs heures furent déjà passer, les bruits sur la porte me retirèrent dans un sommeil lourd et pénible. Après avoir ouvrir je me rendis compte que la nuit fut déjà tombé, étant sortir de la chambre nous nous assîmes à la véranda mes amis et moi et ce fut Alain qui ouvrir la conversation en disant.

- En tout cas tout ce que dieu fait est bon, tu ne sais dans quoi il te sauve d'ailleurs tu ne lui connaissais pas très bien toi même tu nous l'as dis.

- Mon ami nous devons apprendre qu'on n'obtient pas toujours ce qu'on désire dans cette vie.

Ce fut Bernard qui prit la parole ajouter de ses blagues comme il eut l'habitude quand nous fûmes ensemble en me tapotant sur le dos, ma maman qui fut dans le salon assister à toute la discussion ce leva du divan et vint nous rejoindre, m'appela par mon nom comme quant elle fut sérieuse avec moi dans ses propos.

- Nanko tu as de la chance mon fils d'avoir deux amis raisonnable comme ceux-ci, pour moi je te conseille de rentrer dès demain matin avec tes amis et pour ce qui concerne le problème de la dote, tu n'as pas besoin de là récupérer. Cette fille a passé la nuit dans cette maison avec toi sur l'autorisation de celui là même qui a perçu la dote, donc pour moi ce mariage est validé sait vrai qu'elle ne sera pas auprès de toi maintenant mais laissons le temps faire son temps et tout ira bien mon fils. Très tôt le matin nous prîmes le premier bus pour retourner à Douala mes amis et moi.

On ne choisir pas son pays, ni sa dialecte encore moins sa famille, je fis la connaissance de l'un de mes cousins paternelle lors d'une réunion familiale qui ce fit chaque mois de juillet dans le village de mon feu papa où tout les enfants et petits enfants plus nos oncles et tantes qui furent aussi convier. Il m'informa d'une nouvelle surprenante qu'il habita la même ville que moi et travail comme assistant dans un cabinet de santé chinois de la place, vue le prestige dans le quelle il ce présenta, je lui demandai d'essayer de trouvée un moyen de me décrocher une place dans son lieu de job. Contrairement à mes attentes il me donna une idée très génial en me proposant de travailler pour mon propre compte comme vendeur de médicament, il ce mit à ma disposition pour me former dans le système de vente et le mode d'emploi dans les traitements à savoir la durée et le nombre de comprimé que je dus donner par prise.

Je commençai comme ambulant en me déplaçant de ville en ville jusqu'au moment où je décidai d'ouvrir un cabinet de soin semblable à celui des villes dans un village qui eut qu'un seul dispensaire pour une grande population.

Connu par plusieurs habitants de la région à qui j'eus déjà vendu des médicaments, je louai une maison de cinq pièces que j'aménageai ainsi. La plus grande des pièces qui fut réservée pour le salon devint la salle d'accueil et d'attente, une pièce fut mon bureau, une autre la salle des soins et les deux pièces restantes furent serviable une pour ma chambre à coucher et l'autre pour la cuisine.

Je fis gravée des mots en chinois dont moi même n'eus pas la connaissance sens exact juste pour persuader la clientèle, au milieu je fis dessinée un slogan pharmaceutique. Un peu plus bas une phrase lisible de tous disant (médecine chinoise) sur une plaque qui me servit de panneau publicitaire.

La plupart de mes patients furent mes anciens clients pendant que je postulai en étant ambulant, ils firent eux aussi ma publicité de bouche à oreille et comme par miracle sa fonctionna très bien. Pourtant moi même ne compris pas comment, parce que tout les traitements furent composée des mêmes comprimées mais ils furent tous satisfaits des différentes maladies. Désormais docteur Thierry comme m'appelèrent les personnes qui vinrent se fait consulter, je n'eus plus besoin de me plaindre de ma situation financière, les choses allèrent à bon train en tant le médecin et pharmacien. Oui ce fut chez moi même qu'ils achetèrent leurs médicaments.

Un jour une jeune citadine vint passer les vacances chez ses parents qui furent mes voisins, elle fut d'une beauté remarquable rien qu'à lui regardant je m'imageai comment celle-ci put souffrir des regards, salutations et appels pendant ses vingt ans quand elle fit une balade dans les rues de sa ville surtout avec ses prédateurs sexuels qui existe dans les zones urbaines. Oui elle fut vraiment très belle et vint par moment me rendre visite dans mon service qui fut leur voisin le plus proche. Pendant l'une de nos conversations elle me dit ce jour là.

- Docteur j'ai une confidence à vous faite cela concerne votre domaine, je voudrai vos conseils et avis en tant que ami du voisinage. Je peux compter sur votre discrétion?

- Bien sûr que oui la loi professionnel mit oblige et en plus quel homme pourra refuser d'être celui qui partage la confidence d'un si belle femme comme vous.

- J'ai fais un avortement dans mes vingt-deux ans qui c'étais mal passé et je même failli mourir ses ....

Elle c'étais arrêté instant ne disant plus un seul mot, je finis par comprendre qu'elle fut entré dans sa mémoire lorsqu'elle resta longtemps à fixer le plafond et ne bourgeant pas sa tête.
Après un petit temps d'une voix triste elle reprit en hochant la tête négativement et dit.

- Vous les hommes êtes cruels.

- Pourquoi vous dis une telle bêtise donc si je comprends bien, je suis aussi cruel?

- Non je ne voulais pas dit cela docteur excuse-moi, il avait pourtant promis de m'épouser.

- Il qui l'auteur de ta grossesse avortait?

- Oui André un monsieur qui travaillait non loin de mon université avec qui je sortais, mais quand je lui avais annoncé que j'étais tombé enceinte de lui ; Il m'avait dis clairement que l'enfant ne pouvait pas être reconnue par lui en prenant pour raison que cela était un danger pour son mariage, il me dit que son union avec sa femme fut monogamie et qu'il ne voulait pas perdre tout ce qu'il a passé tant d'années et d'efforts à construire. Impossible il cria tout en mettant ainsi fin à notre relation. J'étais parti lui proposer quelques jours plus tars qu'il pouvait prendre soin de l'enfant sans toutefois m'épouse et personne ne saura jamais rien, il m'avait répudié en m'interdisant formellement de ne plus chercher à lui revoir. J'étais déprimé et ne savais pas quoi faire, alors quand ma cousine avec qui je partageai ma chambre, m'avait conseil un avortement après que je lui ai raconté toute l'histoire. Je lui avais suivi aveuglement vue la situation dans laquelle je me trouvais sans toute fois tenir compte des éventuels risques et conséquences.

Pour une seconde fois elle se perdit encore dans ces pensées, sans tarder elle éclata en sanglot tout en cachant sa face dans ses pommes des mains. Voyant cette grande tristesse je lui posai la question.

- Pourquoi te mets-tu dans un tel état ?

Par moment les situations de la vie nous obligent à prendre des décisions, ne nous pressons pas parce que dans la précipitation la plus-part des gens se compromettent. Prenons juste le temps de bien réfléchir au problème: Les situations difficiles ne sont pas forcement des situations impossibles. Le fait est déjà fait tout ceci ne te servira à rien, voyons calme toi et tout ira mieux.

Je lui donnai un papier mouchoir qui fut posé au dessus de la table du bureau, en continuant de lui calmer en lui rassurant que tout devra s'arranger.

- Docteur j'ai déjà perdu deux mariage par faute d'enfants, cela fait huit ans que je cherche à concevoir toujours rien malgré que j'ai fais presque tout les analyses, docteur s'il te plait aide moi.

- Tu n'as pas besoin de me supplier c'est mon travail, je te mettrai sur traitement, elle n'est pas définitive parce que je ne suis pas un magicien mais ta guérison dépendra de toi. Tu dois avoir la foi certes nous donnons des médicaments mais la guérison est un mystère ok?

- Oui docteur et merci d'avance.

Moi qui la convoitai depuis son arrivée au village découvrir une occasion de profiter d'elle pour des parties de plaisir, chose qui ne dura pas et je disposai d'elle à ma guise. Acte que je commettais avec plusieurs patientes faibles d'esprit.

Chose que je regrette aujourd'hui, maintenant laissez moi vous expliquer comment je suis sorti dans cette mauvais vie.

Un matin, un patient vint accompagner de trois femmes parmi lesquels se trouva son épouse qui fut enceinte, il m'expliqua que cela faire plus de quarante huit heures que celle-ci ressentit des douleurs. Vue son état le premier jour il crut à aux contractions avant l'accouchement et fit appel à ses deux sœurs présentes, le deuxième jours il vit la douleur persister ne pouvant voir son épouse dans cette souffrance, il décida de consulter un docteur le troisième jours, pour lui il pensa à autre maladie. Je l'interrogeai sur le nombre de mois qu'elle fut enceinte, il me répondit que cela fit déjà neuf mois et que ce fut la première fois que cela arriva en expliquant qu'elle eut déjà deux accouchements qui furent bien passé à moins de trios heures raison pour laquelle il pensa à un autre problème. Je compris que, comme elle fut déjà à terme cela put être les contractions parce que je vis par le passer une voisine fit trois jours avant de mettre son bébé au monde.

Ayant payé tout les frais que je lui demandai, je pris une ampoule d'injection croyant pouvoir tromper leurs vigilances. Tout en ignorant que certains piqûres ne sont pas conseiller pour des femmes enceintes, après l'avoir injecté elle se mit en agitation de tout son corps puis revint en elle quelques seconde plus tard. Nous lui couchâmes sur le lit prévu pour les massages, le nouveau née vint au monde sans que sa maman ne fournir aucun effort. Appeler par les cris des deux sœurs du mari qui furent avec elle dans la salle des soins, son mari et moi qui se trouvâmes dans mon bureau, nous courûmes d'où elles furent tous pour voir le problème. A notre entrée je vis le bébé dans les mains de l'une des sœurs, Jordan qui fut un jeune homme très actif dans son rôle de secrétaire nous emboîta le pas et me posa la question de savoir ce qu'il put bien faire pour se rendre utile.

Je fus entrain de transpirer malgré la fraîcheur de ce matin là, ayant aucune connaissance dans les accouchements je pris un ciseau qui servit à couper les bandes collantes lors des pansements. Je coupai le cordon ombilicale sans au préalable attacher le bout de chaque côté comme dans la normale, le sang qui coula de la femme nous laissa croire qu'elle fut morte parce qu'elle ne fit plus un seul mouvement du corps. Prise de panique je demandai à Jordan d'appeler un taxi en déclarent que le dispensaire sera plus compétent pour son cas, le mari et ses deux sœurs restèrent là debout impuissant devant la situation ne pouvant rien faire pour eux je fus un docteur. Donc je sus ce que je fus entrain de faire, tous ses habitants ignorèrent que je fus un imposteur dans leur village. Quand le taxi arriva, je fis monter toute la famille et je fis envelopper le nouveau née dans un pagne que portée l'une des sœurs autour de son rein puis ordonnai à Jordan de les accompagner tout en lui précisant de me tenir informer du déroulement qui se succédera. Après les départ je me dirigeai au puis, remontant ainsi un donne quantité d'eau avec le quel je lavai la salle des soins où une marre de sang fut stagnante. Avec une de ses émotions pénible produite suite à l'événement, à l'idée de courir un danger la peur fit mon cœur battre à une vitesse accélérer et cette voix au plus profond de moi qui me dit.

- Tu l'as tué pauvre malade, elle est morte, maintenant la police viendra te chercher et tu retournera en prison cette fois pour crime. Mon ami dépêche toi de fuir le plus vite possible avant leur arrivée.

Ensuite je fermai le cabinet et sautai dans la premiere voiture qui fut dans la gare entrain de charger pour la destination de douala et raconta une histoire au chauffeur en demandant de partir que je dus payer les places restantes .

Plus de quatre heures de route s'écoulèrent avant que mon téléphone sonna, en regardant sur l'écran ce fut le numéro de Jordan qui s'afficha. J'hésitai avant de décrocher parce qu'il insista, pendant la communication il me dit que tout fut normal et chercha à savoir d'où je me trouvai. Je lui racontai une histoire puisque je fus déjà presqu'arrivée et la nuit fut déjà tombée, je lui raccrochai en lui promettant de l'appeler le lendemain matin ensuite je dis au conducteur que se fut la personne que je dus rancontrer pous qu'il n'imagina pas autre chose.
Je me méfiai de tout ce dont Jordan me parla au téléphone, un dicton

très connu dit (Il est plus sage de renvoyer une décision importante au lendemain car la nuit porte conseil).

Après une bonne nuit faite de réflexion, ce fut moi qui lui appelai comme promis très tôt le matin. Salutation terminer je lui annonçai la nouvelle.

Le risque de retourner dans ce village ne fut plus envisageable en lui expliquant par des raisons mensongères et l'indiquée d'où je cachai les clés à mon départ dans l'un des pots de fleurs qui décorèrent la devanture du cabinet. En lui demandant de faire ce que bon lui semble avec tout ce qu'ils eurent à l'intérieur et de la maison puisque le contrat de location fut pour une année donc il eut encore six mois à sa disposition, ainsi je mis fin à ce chapitre de ma vie et je coupai tout les liens en changeant mes numéros téléphoniques.

Pour moi il ne fut plus question que je remis les pieds dans cet endroit, bien que Jordan dit que tout fut normal moi je ne peux vous confirmer si ce fut le cas. On parla là de la vie d'une femme et celui de son bébé. Je mettais mis dans la pensée que les propos de celui-là fut une ruse pour mettre le grappin sur moi.

Nous devons savoir comment se faire de l'argent parce qu’il est bon serviteur est très mauvais maître quand on lui donne la prééminence.

MON DERACINEMENT

Je réussis à obtenir un comptoir au marché centrale où je m'installai avec une machine à écraser les condiments, ainsi ce firent mon nouveau train de vie le matin au marché et le soir à la maison que je louai bien sûr mais dans un notre quartier très loin de celui précédant. J'appris plusieurs choses de mes espérances, donc je arrêtai de fumer et de boire des boissons alcooliques ma passion fut maitenant la lecture.

Un après midi mouvementé pendant que les populations virent les ruelles et grandes places publics de leur ville être envahir par les éléments de force de l'ordre de toute les catégories, le gouverneur décréta un couvre -feu instant sur tout l'étendu de son territoire laissant ainsi tout les habitants dans un suspense sans donnée des explications pour les dispositions prise. L'application du dit décret commença de dix-neuf heures à six heures du matin jusqu'à nouvelle ordre, pendant ces heures personne ne dut ce trouvée hors de son domicile et malheur à celui ou celle qui dut transgresser cette loi. Il dut être le responsable ce tout ce qui put l'arriver, ainsi eut très bien précisé le chef de terre dans son communiqué.

C'est fut une chaîne de radio international qui nous annonça le décé du premier citoyen du pays mort mort mystérieusement au palais présidentielle et la chaîne national la journée suivante, la population tout entière jubila après avoir entendu cette nouvelle, car cet homme qui nous gouverna avec une main de fer et de dictature ne fut plus compter parmi les vivant de ce monde.

Il est bien vrai que nous ne devons pas nous réjouir de la mort d'un être humain quelque soit les raison ; mais pour koumkouma fut une exception tout cela à cause de sa cruauté et de son barbarisme. Quelques jours plus tard nous apprîmes qu'un coup d'état eut lieu, que les balles des armes à feu percèrent les cieux de la capitale politique. Le déchu du président de l'assemblé par l'armée, celui-ci qui assuma l'intérim de la présidence de la république comme le voulut la constitution du pays. La ville fut plongé dans un bain de sang et certains grandes villes du pays aussi furent toucher comme la notre, on eut dans l'esprit que les commanditaire ne furent pas d'accord à taux différé ce qui occasionnaire ce malapropisme.

Le calme revint grâce aux interventions des organisations internationaux, la transition fut fixer pour une durée d'un an. Une dévaluation vit le jour à quelques mois seulement de règne du général supérieur de l'armée Jean Wakanga cousin du défunt président, tout même jusqu'aux denrée alimentaires virent leur prix en hausse.
Le pays alla de mal en pire, nous finîmes pas comprendre que le feu koumkouma ne fut pas le denier des crapule, ils eurent d'autres encore plus pire.

Voyant cette situation donc je m'imaginai la suite, je décidai alors de me déraciné. Oui je me dis que, j'allai partir aussi fait fortune comme plusieurs de mes compatriotes en Europe.

Je commençai par m'informer sur mon projet en toute discrétion sans même éveiller les soupçons de mes plus proche amis Bernard et Alain avec qui nous fûmes toujours en relation et nous nous rendîmes visite par moment, dès la délivrance de mon passeport je planifiai le jour de mon départ.

Ne voulant rien dit à personne de mon entourage et ma famille, je fis appel à un monsieur qui revendit les articles de seconde main, comme nous tombâmes d'accord sur le prix de tout ce qui fut dans mon studio et concluant que le déménagement ce fit qu'après mon départ.

Le lendemain je pris un bus pour une des villes frontalier, pendant le voyage qui dura une journée. Je ne pensai qu'à ma maman, qui devrait ce faire du souci quant elle viendra me rendre visite.

Ce dont j'ignorai, fut de savoir qu'avoir les modalités d'un voyage et le faire furent deux aspects complètements différentes. A chaque frontière que nous arrivâmes, il eut toujours un passeur celui là qui dut nous servir de guide pour la traversée d'un pays à l'autre, ayant les relations avec tout les chauffeurs de la zone et connu spécialement des services de sécurité au point même que je pensée qu'il fut un homme de main pour les renseigner vue la manière dont ils rirent amicalement quand une patrouille arriva dans son domicile. Pendant la durée que je fis pour que l'effectif ce complète, je passai les nuits dans une des chambres de sa concession prévu pour la circonstance.

Je manque vraiment les mots pour vous décrire le calvaire que vivent les émigrants dans les frontières terrestres surtout quand ils ne sont pas porteur de pièce d'identité. Oui les émigrants subirent des difficultés ineffables dont on ne peut imaginer, rien qu'en y pensant j'ai les larmes aux yeux.

Péniblement nous arrivâmes de l'autre côté au kamer comme par coup de grâce, vue la visite des pirates du désert qui ce produisit pendant la traversée. Ils nous dépouillèrent après une fouille bien musclée en nous laissant rien qu'avec nos pièces d'identités et les vêtements que nous portâmes sur notre corps. Ils tirèrent sur l'un d'entre nous qui voulu faire résistance, mais celui-ci survécut par miracle.

Loger dans un foyer où le guide nous envoya tout en sachant que nous n'eûmes plus d'argent, il conclut avec le propriétaire de nous accorder un peu le temps de nous organiser pour une grande métropole.

Mes premier semaines furent pleine de nostalgie, je pensai à ma famille, mes amis et mon pays que je dus laisse pour la conquête d'une vie meilleur et ne pus faire marche en arrière.

Un soir que je revins de placette lieu où les hanbitants de la zone vinrent chercher des mains d'oeuvre, je ne pris rien de la journée comme petit déjeuner ou repas de midi car les dépenses se firent par calcul. Une fatigue physique et la disette purent ce lire sur mon visage, sans rien omettre je cheminai en y pensant quand soudainement un monsieur m'appela du dedans de sa voiture, je fis le rapprochement suivis des salutations et ensuite les présentations; Je lui fis une allocution à donner pitié. Compatissant il envoya sa main dans l'une de ses poches et sortie un lias des billets de banque qu'il compta quelques un et me les offrirent en disant.

- Prend ceci je pense que cela pourra t'être d'une utilité.

- Je vous remercie monsieur.

- Ne me remercie pas fait le à Allah qui a bien voulu que nos chemins se croise.

- Je le ferais mais merci quand même.

- Excuses-moi de ma curiosité, sans vouloir t'irriter dit moi où comptes-tu aller?

- Non monsieur volontiers je vous le dirais, je voudrais arriver dans la capitale golla n'est ce pas comme cela qu'elle s'appelle?

- Oui mais ce n'est pas un petit voyage mon ami, elle se trouve à des kilomètres d'ici en revanche je suis intimement persuadé que tout ira bien pour toi et te souhaite bien de plaisir nous sommes un peuple accueillant, sociable aussi tu verras. Dit toi que partout où tu iras tu sera chez toi et ne sommes-nous pas tous étranger sur cette terre?

Après que nous nous séparâmes, je continuai pour le foyer, La fin de la soirée fut très belle ce jour là. Je programmai mon voyage pour le lendemain, très tôt le matin je fus déjà devant le portail du poste de l'émigration avant l'ouverture des bureaux. Ayant obtenu mon visa d'entrée je partis pour la petite gare routière où je pris un bus pour ékok après me t'être renseigner car ce fut par là que je dus faire transit avant de prendre un autre véhicule pour la capitale golloise.

A mon arrivée dans cette petite ville qui fut presque à une journée de voyage, je continuai pour golla.

Pendant la distance je me vis en frapper par cette courtoisie et générosité, quand nous entrâmes dans les périmètres de golla. Le paysage qui fut artificiel ce vit changer à celui du naturelle, oui on put observer de loin ce pacage s'accomplir pas des hommes et des femmes masser en groupe selon les sexes cela fut vraiment très beau à voir. Mon voisin de place avec qui je fis connaissant pendant le voyage me dit.

- Dans moins d'une heure nous serons à destination.

Nous continuâmes à bavarder, deux jours seulement que nous fûmes ensemble, furent comme si cela fut une éternité que nous nous sommes croiser. Ayant connu ma situation pendant nos échanges de mots, Nabile ainsi s'appela mon compagnon de voyage. Faute d'une autre alternative il ce proposa de me guider jusqu'à mon ambassade lieu où il me sut en sécurité en disant.

- C'n'est pas facile pour un début mais inchAllah cela ne doit pas durer et après un petit moment tout ira bien pour toi mon ami. J'aurai bien voulu te venir en aide mais je vis encore chez mes parents et je pense que ton ambassade saura l'aider à t'apporter.

Le temps passa très vite pendant nos causeries et je remarquai un changement de la circulation qui fut embouteillé avant de redevenir fluide. Je compris alors que nous fûmes déjà dans la ville de golla. Regardant à travers la vitre je pus contempler ses belles et gigantesques immeubles et je posai la question à mon voisin.

- Elle doit être très belle cette ville vue le décor des boulevards.

- Non tu n'as encore rien vue elle n'est pas seulement belle mais aussi grande que moi-même ne pourra te donner ses limite bien que je suis née ici, je n'ai pas encore visiter le un quart de ses quartiers.

Notre arrivée dans la grande gare ne tarda plus, après que nous fûmes descendus du bus, nous nous dirigeâmes vers la sortie. Une fois à l'extérieur Nabile fit appel à un taxi qui parquer devant l'entrée principale de la gare routière, négociant ainsi le prix avec le chauffeur qui nous demanda de monter après qu'ils furent tombé d'un commun accord, nous prîmes la direction de l'ambassade de mon pays. Par la vue d'une plaque tournant après quelques minutes en voiture qui nous indiqua le chemin à suivre, je compris que l'arrivée ne fut plus loin de notre position. Sans même sortie de ma réflexion le véhicule s'arrêta, je reconnus les couleurs de ma patrie et poussai un souffle de soulagement. Nous descendîmes Nabile et moi faisant ainsi les aux revoir en s'embrassant et il me donna son contact téléphonique en me demandant de lui communiquer le mien dès que je fus joignable, il repartit avec le même taxi qui fut en attente tout près de nous.

J'entrai dans les locaux de l'ambassade où je trouvai deux autre compatriotes dans la salle d'attente du secrétariat et je pris place près d'eux, ils m'abordèrent amicalement. Pendant notre entretien je les fis connaître mon problème, la proposition faite par l'un d'entre eux fut convaincante et le montant demandé par ceux-ci je les eus grâce à mon bienfaiteur de la frontière. En plus cette somme fut raisonnable pour une cohabitation, ce qui fut pour moi une grande aide de leur part.

Je m'adaptai peu à peu au système de vie de la capitale golloise et visitai les quartiers les uns après les autres à chaque fois que j'eus l'occasion.

Plusieurs choses me marquèrent dans le comportement de ce peuple la politesse, la gentillesse et cette hospitalité, je connus un certain nombre de mes compatriotes qui furent logés gratuitement.

Un matin mon téléphone sonna, ce fut un appel de mon ami Nabile avec qui je gardai le contact par voie de communication téléphonique.

- Bonjour mon frère.

- Bonjour mon chère frère, tu as pense à moi comme d'habitude?

La conversation dura plus d'une demi-heure, auquel il me donna des paroles de réconfortent en me conseillant de toujours rester dans la prière. Il me dit toujours à chaque fois que nous fûmes en ligne téléphonique que seul le tout miséricordieux a le dernier mot sur chacun d'entre nous.
Comme il m'eut bien précisé à treize heures, quelques temps précédent son appel j'appelai le numéro qu'il me donna. Ce fut une de ses relations un promoteur immobilier, celui-ci me trouva un job dans l'un des chantiers sous son autorité et me logea dans l'un de ses appartements qu'il eut par encore vendu dans un quartier chic.

Un week-end je partis rendre visite chez mes anciens cohabitant de chambre de l'autre côté de la ville, tous furent présent plus quelques nouvelles faces que je vis pour la premier fois se jour là. Après les salutations je m'assis près d'eux, qui furent entrain d'écouter le plus ancien qui fut le responsable du logement. Ce dernier fit une démonstration dans l'absurdité de ce qui concerne la vie en y ajoutant des propos raciste, je fis une interruption de ses paroles pour le montrée mon dissentiment en disant.

- Excusez moi je n'aime pas la politique d'ailleurs je déteste les politiciens, mais je me pose une seul question loin de moi de vouloir contrarié qui que ce soit maintenant s'il te plait avant de continuer dit nous comment tu as fait pour vivre, travailler sans parler d'être loger depuis toutes ses années dans ce pays avec des personnes que tu as le courage de dire qu'ils aiment pas les étrangers?

Au contraire je crois que nous devons beaucoup apprendre de ce peuple, respecter la loi est-elle un acte de raciste?
Non je ne pense pas, nous devons chercher à être en situation régulier pour pouvoir jouir de ce beau pays et c'est le cas partout dans le monde entier. Chaque pays veut garder sa souveraineté, observons les règle prescrit à la dernière page du passeport.

Nous continuâmes les causeries jusqu'au petit soir où nous nous séparâmes, une fois de retour chez moi en étant allonger sur mon lit me vint l'idée de concrétiser mon projet celui d'atteindre les côtes européen.

C'est vrai que je m'étais résigné pour des raisons personnelles et je me ferai le plaisir de vous la narrer dans le prochain tome et je ne voudrai pas dire pas là que cela fut facile pour moi. Mais je remercie la providence d'avoir mis des personnes qui ont cru de la parfaite croyance au devant de moi.

A SUIVRE....

LA VIE DROLE DE TYPE

Ne voulant pas attendre une voiture de transport public qui n'arriva qu'une fois par semaine le jour du marché seulement, qui fut encore à des journées, alors il hâtait son projet.
Fatiguer il arriva dans cette circonscription après avoir effectué une marche de plus d'une vingtaine de kilomètres, il s'assit sous un sycomore qui longer le trottoir.
Attendant ainsi qu'un véhicule vint passer par là puisque ce fut le jour du marché de ce village et ce fut le seul chemin praticable en voiture que pouvèrent emprunter tout les transporteurs pour ce rendre dans l'arrondissement qui était à plus d'une centaine de kilomètre où plusieurs personne firent le déplacement. Le marcher de ce village fut très rentable en cette époque là.

A leur arrivée dans la petite gare routière du village, il chercha un lieu pour changer ses vêtements, à voir leurs état poussiéreux qu'ils subirent le long du trajet qui fut aussi fatigant en raison des conditions de la route ; ou lui même fut très mal dans sa peau suite au secousse de leur voiture qui s'agiter au fur et à mesure qu'il prit de la vitesse.

Après avoir terminé il se rendit dans une agence de voyage où il paya son ticket de voyage pour la capitale, un parcours que le départ ce passa pendant les nuits. Donc il se trouva dans l'obligation d'attendre l'heure prévu, pour tuer le temps dans cette atmosphère qui existe dans des endroits comme celui là. Il décida de profiter pour visiter la petite ville, jusqu'à moins quelques minutes du départ qu'il fut de retour dans gare.

Le voyage qui avait été d'une durée de quarante-huit heurs environ ce passa merveilleusement bien ; la route fut goudronner sans parler du confort du bus.

A l'arrêt final dans la gare routière de cette grande ville où il s'était déjà rendu une fois pour les vacances de fin d'année scolaire, il prit un taxi pour le domicile de son oncle qu'il gardait encore bien l'adresse en mémoire.

Ses cousins et cousines qui jouèrent dans la grande court de leurs maison furent contentes en le voyant descendre du taxi et coururent l'accueillir tous joyeux.

Le soir pendant le diner son oncle lui posa la question à savoir:

- Qu'est ce qu'il avait de si important au point que cela ne pouvait pas attendre mon arrivée comme je le fais chaque début de rentrée scolaire pour vous inscrire à l'école ton petit frère et toi?
- Papa, cela ne pouvait pas attendre par ce que je veux fréquenter ici avec mes frères et sœurs en plus mon établissement ne compte que quatre salles de classes plus trois professeurs quel enseignement recevoir dans dès tels conditions?

Répondu le jeune homme à son oncle qui ne dit rien pour un moment, en hochant la tête du haut et bas il reprit en disant:

- Quel est lavis de ta maman?

Tu dois beaucoup lui manquer la pauvre ton petit frère est encore très jeune pour accomplir les tâches que tu faisais pour l'aider.

- Oh non papa c'est-elle même qui m'a donné l'argent de transport.

Son cousin qui fit la même classe que lui cria en signe d'approbation

- Oh oui-oui j'aurais enfin quelqu'un avec qui partager mes secrets.

Le repas terminé ils allèrent tous deux dans la chambre de son cousin qui dorénavant sera la sienne aussi ils se mirent à s'ordonner les nouveau mode de vie.

Son oncle et sa femme se comportèrent très bien avec lui, il fut aimé et adorer au même pied d'égalité que leur propres enfants. En tout cas c'est ce qu'il pensa jusqu'au jour où son cousin échoua l'examen du baccalauréat auquel il fut admis avec mention très bien, alors une vie méprisable et de torture commencèrent surtout venant de sa marâtre sous le silence de son oncle.

La prochaine rentrée scolaire lui trouva sans être inscrit à l'université, avec pour raison qu'ils manquèrent de l'argent en lui promettant de le faire l'année suivante. Son oncle qui eut un gagne-pain sans plainte depuis son installation dans sa maison, ce retrouva brusquement dans des problèmes de finance.

En y réfléchissant il pensa que l'un de ses directeurs d'entreprises où il eut à faire des stages de vacance put le venir en aide, il commença alors à prendre des rendez-vous les uns après les autres pour les expliquer son problème.

Ayant connaissance de tout les employés des secrétariats cela fut facile pour lui et rapide d'obtenir des audiences, tous lui répondirent de la même façon en disant qu'ils ne purent rien fait pour lui à l'exception d'un d'entre eux qui eut compassion de lui et dit:

- C'est ne pas facile, les temps sont durs, je peux seulement t'offrir un poste dans l'entreprise en te prenant comme mon secrétaire particulier et sa sera très facile pour moi de t'aider dans tes exercices que tu auras pendant les cours en ligne.

  Tu as de la chance mon petit, moi aussi je fais cette filière pendant mes études, oui le monde à beaucoup évoluer c'est ne pas comme à notre époque. Aujourd'hui tu peux fréquenter sans mettre les pieds dans une salle de classe, il te suffira seulement de t'inscrire par internet et la boite est équipée d'un wifi qui sera tout à ton avantage.

Tu travailles, tu te fais des économies et complète tes connaissances en même temps qu'en dis-tu?

- Très génial je ne saurai comment vous remercier monsieur.
- Oui en obtenant ton doctorat sa ne sera pas très facile mais tu peux y arrivée comme moi, cette filière a beaucoup d'atout dans notre vie sociale courage mon garçon.

En lui remettant de quoi payer son taxi il lui demanda de revenir le lendemain matin pour commencer et confia le soin à l'une des secrétaires de lui donner les honoraires plus certaines consignes de l'entreprise, à huit heures avant l'ouverture du portail, il fut déjà là depuis trente minutes.

Une table à bureau fut aménager pour lui dans le secrétariat qui compter déjà deux autres bureaux, les débuts ne furent pas facile les deux autres collègues ce posèrent la question pourquoi lui et non l'un d'entre eux qui travail dans l'entreprise depuis des années ; arrivée aujourd'hui et commence avec le poste de secrétaire particulier. Une jalousie naquit mais après quelques mois de travail ensemble ils devinrent des très bon amis et collègues car le jeune homme avec l'esprit d'équipe et le savoir vivre ensemble ainsi la hache de guerre fut enterré, la commodité fut aussi acquise.

Tout ce passai bien et son patron ne manqua pas à ses promesses, de l'aider dans le traitement de ses exercices qu'il obtenue au cours en ligne.

A la maison, la situation s'empira à cause de son emploi, cela fut à un degré qu'il se trouva dans l'obligation de quitter chez son oncle pour prendre une chambre en location dans un autre quartier à six mois seulement de job. Malgré tout cela pour lui la famille reste la famille il passa souvent les week-ends leurs rendre visite pour montrer sa reconnaissance mais cela ne changea du tout à rien, sa marâtre alla jusqu'à dire des propos cruelles en vers sa personne l'interdisant ainsi de ne plus remettre les pieds dans sa maison.

La présence de son oncle devant tout ce vacarme ce jour là il laissa toujours indifférent, la dernière fois qu'il quitta de leur maison après une visite suivit d'insulte. Son oncle lui dit qu'il fut fière de lui pendant qu'il le raccompagna en lui demandant de ne plus les rendre visite.

Il ne put les offrir ce qu'il ne posséda pas, il fit de son mieux pour pouvoir garder sa famille unir malheureusement cela ne fut pas le cas puisqu'il finit par ne plus les rendre visite.

Monsieur Birkhadem celui la même qu'il l'aida à faire ses premiers pas en tant qu'employé en l'offrant un poste dans l'entreprise où il fut directeur général, son ancien patron avec qu'il exerça pendant cinq longues bonne années dans les quelles il apprit plusieurs expériences de la vie.

Un homme bourgeoisement riche aux caractères modestes, tellement ils furent très familiers au point qu'il le considéra comme un membre de sa famille.

A chaque fois qu'un événement important qui dut ce manifesté chez lui, il fit toujours partie des organisateurs du banquet.

Et Il aima l'appeler son fils et prit pour habitude d'accorder la prééminence à ses suggestions.

Ils furent vraiment très complice ce gentil homme, rigolo, taquin il incarna tout ces caractères.

Comme le dit une maxime exprimée de chez nous nul n'est parfait : son défunt patron aima les boissons alcooliques et fréquenta des bordels.

Il le prit comme son confident puisqu'il n'eut pas d'amis en dehors de sa famille dans cette ville où il fut installé uniquement pour des raisons de travail et accorda une attention particulière à ses gosses.

Par moment au bureau quand revint en mémoire de son patron l'une de ses aventures amoureuses, il se mit à crier non pas vrai.

Le jeune homme en pensant à quelque chose de grave qui se produire, il se pressa dans son bureau et il lui trouva toujours en plein sourire, la plus part des fois d'un signe de la main il alla l'invita à s'assoir, à défaut d'une excuse il l'exécuta en prenant place. Quand celui s'attendis à quelque chose de sérieuse une fois assit, son patron prit ainsi le plaisir de lui conter son histoire avec cette dernière.

Un jour où ils furent entrain de débattre sur un événement fâcheux qui se produire dans leurs service par l'une des personnelles avec laquelle le patron eut déjà une relation amoureuse, il commença par dit au jeune homme:

- Mon fils ce sont des caprices de femme, elle pense pouvoir attirer mon attention oubliant que je suis une ampoule grillé donc je n'ai plus peur du coup circuit.
- Comment ça patron ampoule griller ?
  Je ne comprends rien du tout.
- Dit moi un peu toi là qu'est-ce que tu en sais des femmes?
- Rien puisque je ne suis pas marier, tout ce que je sais est que demain est un autre jour, une autre opportunité de vivre ses rêves.
- j'adore ta pensée mais qu'est ce que tu attends regard ton frère mon fils aîné, vous avez presque le même âge et lui vis avec sa femme et on déjà une descendance bien que cela soit dans la maison familiale, c'est encore mieux comme ça.
- Mais patron votre fils est née dans la fortune pourtant moi je dois l'amasser avant de songer au mariage.
- Sur ce point tu as peux être raison mais tu peux bien le fait avec ta compagne, ce n'est pas de la magie ou la richesse d'avoir une femme et sur quoi tu t'en sors très bien dans la responsabilité que tu occupes.

Je pense qu'une bonne épouse pourra t'apporter un plus dans ta vie, si seulement je pouvais avoir un seul fils comme toi je serai compter parmi les hommes les plus heureux de cette terre.
Bien revenons à notre problème laisses moi convoquer celle-ci dans mon bureau.

Il prit le téléphone du bureau appuyer sur les chiffres qui fut l'indicatif du rayon où fut la fautive et lui convoqua, à l'arrivée de celle-ci il parla d'un ton vigoureux.

- J'ai été informé du désordre dont tu en es l'auteur, si tu comptes d'une quelconque couverture venant de ma part enlève là de ta pensée, tu assumeras toute décision que pourra prendre ton chef de rayon, maintenant tu peux disposée.

Il ne lui laissa même pas le temps de dit un seul mot pour sa défense, dès qu'elle referma la porte après elle, il fixa le jeune recrue droit dans les yeux en faisant un signe d'approbation avec son poux de la main gauche et il dit:

- Mon fils, un bon patron se doit d'être honnête, juste et véridique avec son personnelle quelque soit le lien qui vous unies rappelles-toi bien toujours de ceci. Qui sait un jour c'est peut être toi qui sera assis sur mon siège de bureau. Son téléphone sonna après avoir regardé sur l'écran, il lui demanda de repartir à mon bureau.

Il rentra prendre place à son bureau, étant assis il se posa la question à savoir comment un homme mariée ayant une grande famille put mener une vie frivole de la sorte. En parlant d'infidélité son épouse fut d'une gentillesse remarquable et très belle pour être tromper à vrai dit il se questionna souvent que ce qui put réellement le plaire sur les autres que sa femme n'eut pas et celle-ci aima l'inviter chez eux presque chaque fois. Elle eut à lui demander une faveur de faire les balades avec ses enfants pour les permettre ainsi de bien découvrir la ville puisqu'ils vinrent d'aménager.

Ce fut pendant ses promenades qu'il eut l'occasion de bien les connaitre bien qu'il eut déjà à les côtoyer plus d'une fois, Aminata et Amidou les jumeaux benjamins de la famille furent très différents de caractère. On dira même tout le contraire de leur frère et sœur. Bachire l'ainé vivait en couple depuis deux ans sa femme ; comme ils furent très respectueux. Et Awa la seconde née de la famille fut d'une politesse remarquable et eut pris tout les traits de beauté de leur maman.

Il s'organisa à faire les balades pendant ses week-ends libre qu'il prévint d'avance au groupe concerner celui des filles ou des garçons puisqu'ils ne purent partir tous à la fois.

Un week-end il arriva comme convenu cela fut le tour des filles, la femme de Bachir désista pour des raisons conjugale. Aminata ne fut pas toujours prête comme elle aimait toujours ce fait attendre à chaque sortie, en étant assit sur le canapé du grand salon entrain de travailler avec son ordinateur portable qu'elle porta sur ses cuisses.

Le jeune homme se mit en boule et décida de ne pas l'attendre ce jour là, comme pour lui mettre plus en colère pourtant il l'était déjà. Elle s'adressa à lui d'un ton orgueilleux:

. Mais pourquoi es-tu pressé?

C'est pour nous que tu es venu, tu nous as déjà accordé ce temps donc tu dois m'attendre.

En ce levant tout doucement pour ce rendre dans sa chambre, ayant déjà un point de vue sur son raisonnement lors d'une de leurs causeries précédente où elle lui fit savoir qu'elle n'aura besoin de l'aide de personne, que son papa pourvoira toujours pour elle.

Ce qui lui donna un comportement méprisante, bien qu'il lui répondit ce jour là qu'il ne sera pas toujours là en lui disant si elle lui parla d'Allah oui, mais d'un être humain qui demain sera faucher comme l'herbe des champs il lui dit de ce détromper et lui conseillée en disant ne dit jamais fontaine je ne boirai ton eau.

Il fut déjà hors de leur portail quand Awa lui suivit en disant:

- S'il te plait Bello ne part pas en étant fâcher, j'ai dit à maman que je partais avec toi comme tu ne veux pas attendre Aminata mais moi je suis prête. Quesque tu en dis, on peut partir tout les deux?

Ils partirent tous deux en marchant à pied, pendant les cent pas une conversation plus intime que d'habitude commença entre les deux.

- Bello soit honnête et sincère avec moi dans ta réponse s'il te plait, je sais que tu es un garçon de confiance sinon mon papa ne t'aurait jamais fait connaître sa maison. Maintenant dit moi as-tu de petite amie?
- Dans le sens amoureux non mais j'ai des camarades filles.
- Comment un garçon beau et travailleur comme toi peut il vivre sans amourette, mais dit moi as-tu déjà connu une fille ?

  Dans le sens intime avoir les relations de plaisir charnel avec l'une d'entre elle.
- Non, non jamais je ne suis pas douer à faire la cours aux filles et je ne veux pas l'avoir pour le moment. Si on parlait un peu de toi.
- Pourtant tu es très convaincant dans ton vocabulaire.

  Je crois qu'au qu'une fille ne pourra résister à ton charme si tu te tenais devant qu'elle ce qui ne me laisse pas indifférente.

  J'ai eu un amis en classe de terminal mais je suis seul maintenant et je pense que cela pourra marcher entre nous, mon ex-petit ami à qui j'avais donné ma virginité par amour était le fils d'une famille très proche amicalement de la notre. J'ai compris plus tard qu'il ne connaissait pas le sens de l'honneur et de la dignité. Depuis notre installation dans cette ville que tu nous as fait découvrir petit à petit et depuis ses trois années que tu nous fréquente, tu es remarquable pas de problème de complexe et t'es très respectueux chose qui m'attire encore plus chez toi sans parler de ton élégance.

- Merci des compliments je ne sais quoi te répondre en retour, pour moi l'amitié est sacré oui j'en ai connu plusieurs d'autres son même à l'étranger pour continuer leurs études et nos rangs sociaux sont très différents si se n'était pas mon emploi nous nous serons peut être jamais connu et si ton père n'était pas très gentil avec moi comme il l'est.

- Pardon je ne te coupe pas la parole tu as déjà trop parlé un oui me suffira pour une relation amoureuse on peu toujours essayer voir et tu pouvais dit vrai tu n'es pas romantique malgré tout tes bonnes qualités mais peut être il a un mystère derrière tout cela.

Bello se trouva entrain de recevoir une leçon concernent l'amour entre homme et femme par une plus jeune fille que lui, Awa cette jeune étudiante qui vint de terminer ses études et ne put décrocher un poste dans l'entreprise où son papa gouvernait entant que directeur général et actionnaire majoritaire, bien qu'il eut toute les possibilités de lui trouver une place.

Bello ne compris que plus tard les raisons pour lesquelles son papa ne voulut pas travail avec elle quand il le posa la question.

- Patron si je peux me permettre de vous poser une question, pourquoi ne trouvez-vous pas une place pour Awa dans la boîte, elle a déjà obtenir son doctorat et veux bien travail ?
- C'est vrai elle est intelligente, travailleuse mais il lui reste encore quelques petites choses à apprendre et cet entreprise n'est pas la seul dans cette ville pourquoi ici seulement elle peut aussi bien chercher ailleurs, regarde son

grand frère il a monté son propre industrie et il s'en sort avec, elle devait songer à fait autant. Je veux qu'elle ait l'esprit créatif.

Contunions avec Awa que lui donna les cours de drague et comment se comporter avec une fille qu'on aime, en écoutant ses paroles il ne voulut pas se laisser faire. Il lui proposa de prendre une glace au crème dans un milieu super classe qu'il connaissait, ce fut un lieu où on voyait tout en augmentation de prix. Comme leur génération l'appelai le coin des riches.
A leurs sorties de là elle n'arrêta pas de lui croisée du regard et ne pouvant pas dissimuler sa curiosité elle lui demanda finalement.

- Qui t'a montré un lieu aussi chic et classe?
- Mon papa quand j'étais gosse, il venait avec moi ici pendant nos séjours chez son frère.

Et pourtant son regretté papa n'eut jamais la connaissance du chemin de la ville, peut être même que ce glacer moderne n'exista pas pendant son vivant.
Il voulut qu'elle lui voir comme l'un de ses enfants riche de la classe moyenne en lui mentant, réellement il connu ce lieu lors d'un des stages de vacance pendant une pose.
Où il se rendit avec ses camarades pour prendre un sandwich que leurs offrit le patron de la boite celle-ci qui fut collé au bâtiment de l'entreprise qui fut toujours là, mais cela fit déjà des années.

- Tu y'étais déjà revenu avant aujourd'hui?
- Non c'est trop couteux et j'ai des économies à faire, c'était uniquement pour te fait plaisir.
- Et j'en suis ravie vraiment satisfaite et surprise mais fait encore quelque chose pour moi, s'il te plait montre moi ton logement oui je veux connaitre d'où tu passes tes nuits.

Pour quelques secondes la pensée de refuser lui tenta, mais il ne put la dit non, sa réponse fut.

- Vos désires son des ordres princesse, mais je me dois de prévenir à sa majesté que ce n'est pas somptueux comme dans son luxueux château.

Toute souriante celle-ci lui regarda et ils prirent un taxi pour son quartier un ghetto de la ville, il y eut une bonne distance entre le lieu de l'arrêt de taxi et celui de sa maison.
Le reste du trajet ne fut pas praticable en voiture, surtout dans cette saison pluvieuse où même les piétons durent fait des efforts pour arriver chez eux.
Quand ils furent arrivé chez lui, après l'ouverture de la porte elle ce pressa d'entrer dans la chambre pendant qu'il prit la peine d'enlever ses chaussures avant comme il le fit d'habitude.

Dès qu'il pénétra à l'intérieur après avoir refermer la porte après lui, elle se jeta sur lui comme une lionne affamée l'embrassant, le croquant, le léchant tout en lui déshabillant, la finition fut un rapport sexuel.
A la fin les deux jeunes se rhabillèrent sortir de la chambre sans que personne n'osa adresser la parole à l'autre, après avoir pris un taxi pour la maison d'Awa à une distance. Il lui donna une fausse raison pour descendre et elle continua toute seul, il ne crut pas que cela fut vraiment passée ; comme s'il fut entrain de rêver pourtant une réalité certaine.

Le lendemain au bureau son patron qui fut informé de sa sortie avec leus filles toute seul par sa femme à son retour de voyage d'affaire, attendit à la pose de midi pour l'appeler. Il ne put imaginer qu'il dut encore lui questionner sur cette sortie vue le temps qui fut passé et par ce que son patron ne garda jamais rien à cœur ;

il parla toujours quand quelque chose le contrarier surtout il ne lavait pas fait au paravent peut être parce que ils furent nombreuses. A son entrée il lui dit.

- Mon fils j'ai appris par ta maman que tu es parti en balade avec ta sœur dans la journée d'hier vous vous êtes rendus où précisément?

En entendant ses paroles il eut une intuition qu'il put déjà être informé vue la manière dont le dialogue se passa entre lui et ses enfants comme s'ils furent des amis, donc il répondit véridiquement en essayant de dissimuler l'acte qu'ils commirent.

- Nous somme parti prendre une glace au crème ensuite nous avons fais un tour chez moi pour récupéré le colis d'un ami que je suis parti le remettre pendant notre retour, raison pour laquelle je ne suis pas arrivé à la maison comme d'habitude.
- Bien ne l'oubli jamais elles sont tes sœurs vous les jeunes d'aujourd'hui quand on vous fait confiance, vous décevez toujours n'oubli jamais OK ?
- Oui patron.
- Combien de fois dois-je te dit de ne plus m'appeler ainsi, soit tu m'appelle par mon nom comme le font souvent tes frères et sœurs à la maison sur ma permission ou bien papa.
- Excusez-moi papa je me laisse emporter par le système du bureau.

  A sa descente du travail encore sur le chemin du retour il composa le numéro d'Awa pour l'appeler, il ne fut pas tranquille pendant toute la matinée. il voulut se rassurer du doute qui l'envahir.
- Salut Awa comment tu vas?
- bien mon amour et toi dit moi cela ta plut hier?
- Non pas maintenant ton papa m'a fais un interrogatoire sur nos faits et gestes d'hier et c'est une première depuis le début de nos balades, j'ai eu une de ses peu à vrai dit j'ai encore peu.

- de quoi mon amour ; te reproches-tu de quelque chose?

  T'as rien fait de mal à ce que je sache, c'est normal nous étions seul tout les deux pour plusieurs heures et s'est une première aussi, même ma maman a fait pareil à mon arrivée à la maison.

  Je lui ai répondu que nous avons pris une glace au crème que j'en ai encore envie, après nous avons fais un tour dans ton quartier où j'ai même vue ta maison et c'est tout.

- Tu sais très bien que ton papa a confiance à moi, avoir une relation intime avec toi peut se révéler comme un acte de trahison.

  Il me considère et me traite comme l'un d'entre vous ; même au service, comme j'ai honte de moi ; aujourd'hui je n'ai pas pus le regarder en face.

  - Mon cœur tu te fais des idées pour rien toute la famille t'aime et t'adore mais moi c'est plus que ça, enlève cette pensée de ta tête et dit moi plutôt quand on se voit mon petit lapin je t'aime à mourir.

Awa continua à multiplier ces visites chez lui dans le secret et les seuls fois qui ne ce passèrent rien, ce fut quand elle se fit accompagner par sa belle sœur la femme de Bachire.

Cette situation commença à lui mettre mal à l'aise pourtant elle fut majeur et lui fut son aîné que de deux ans seulement, mais cela n'empêcha pas son état.
Il n'arriva plus à se regarder dans une glace et son patron droit dans les yeux pourtant celui la l'aima bien, il fut vraiment gêner.

Un soir pendant qu'il retourna du boulot, il s'arrêta dans un jardin publique pour humer l'odeur de l'une de ses fleurs qui ce fit sentir à une longue distance.
Etant assis pour quelques minutes, une jeune fille vint s'assoir à ses cotés.
Ils se firent des présentations après se t'être saluer, ils bavardèrent pour un petit moment. Dans leurs causeries elle le fit comprendre que ce lieu lui fut agréable

uniquement pour sa bonne odeur et qu'elle ce rendit presque tout les soirs puisqu'elle ne logea pas loin de là.
Avant qu'ils se séparent, ils changèrent de contact téléphonique et il promit de l'appeler incessamment, des semaines passèrent ; ils s'appelèrent mutuellement au point qu'un jour celle-ci décida de lui rendre visite dans son quartier.

A son arrivé il lui reçut avec délicatesse, ils parlèrent de tout et de rien à tour de rôle chaqu'un d'entre eux compter sa vie en éclatant de rire et en étant frustrer par moment jusqu'à son retour. Mais elle l'éclaira sur plusieurs domaines, oui toute notre vie est une succession d'apprentissage dit-t-elle en franchissant le seuil de la porte à son retour.
En montant dans le taxi elle le tenir par la main avec un sourire à l'ange lui complimenté en disant.
- Tu es un véritable ami.

Un matin du premier jour de la semaine son patron arriva sans fait des salutations comme d'habitude et lui dit de le suivre dans son bureau, chose qu'il exécuta à l'instant.
Prenant place dans la chaise des visiteurs qu'il lui montra avant de s'assoir a son tour, il prit une chemise contenant un dossier à l'intérieur, il fit semblent de le lire.
Ces lunettes qu'ils portèrent, furent posées au bout de son narine.
Tête baisse c'est lui qu'il regarda en disant:

- pendant le week-end tu as appelé une jeune fille où et depuis combien de temps vous vous connaissez?
- Je ne crois pas avoir saisir votre question papa.
- Ne joues pas ça avec moi dans l'après midi d'avant-hier tu as bien appelé une jeune fille n'est ce pas?

ses souvenirs lui revinrent car il ne put imaginer cette coÏncidence et il répondit:

- Ha oui c'est une amie.
- Comment ça ? Donnes-moi plus de détail
- nous nous somme rencontré dans un jardin publique et avons échangé, depuis ce jour nous avons gardé le contact en nous appelant et c'est tout rien de plus que cela.
- Ok retournes à ton bureau.

L'homme est imprévisible, son esprit humain est parfois capable du pire et aussi du meilleur le jeune homme ne reconnut plus son patron, toutes ces bonnes qualités disparurent ce jour là. Toutes les heures de service restantes il fut intrigué dans sa tête.
A la fin du job devant le portail de l'entreprise il décida d'appeler la fille en question pour pouvoir calmer ses angoisses, celle-ci lui demanda de venir. Ils se retrouvèrent au même jardin où elle lui conta toute l'histoire à son arrivée.

Au fait celle-ci fut l'une de ses nombreuses maitresses, pendant qu'ils furent dans une chambre de hôtel de la place entrain de s'amouracher.
Cet alors que son téléphone sonna, lui croyant à l'appel d'un rival, il prit le portable de la jeune fille et en regardant sur l'écran. Il reconnut le numéro de son secrétaire et fils ; un numéro qu'il mémorisa bien se fut celui la qui afficher, questionnaire formuler il exigea des réponses de celle-ci qui en retour lui expliqua dans quel condition ils se rencontrèrent, en lui précisant qu'ils furent des simple amis.
Tout en ignorant que le monsieur fut employeur de son ami et comme la vérité est toujours vainqueur cela fut la même réponse qu'il donna, ce qui rassura son patron et l'épargna de sa colère.

Choquer par ce qu'il vint d'apprendre, il demanda à jeune fille:

- Cela ne te fait rien d'avoir les relations de sexe avec un monsieur qui peut être âgé que ton papa?

Sa réponse fut plus affligeante quant elle lui répondit en disant:

- Peu importe c'est eux qui savent très bien s'occuper des jeunes filles vous les petits ne pensez qu'au sexe, on compte ceux d'entre vous qui sont sérieux.

Pour que cela ne fut pas comme si il lui fit une leçon de moralité et il eut aussi peu qu'elle put raconter tout à son patron, il changea de sujet après un petit débat moins choquant bien sûre.

Le week-end qui suivit, il partit chez son patron répondre à une invitation de sa femme comme elle le faisait régulièrement.

Son arrivée coïncida avec l'heure du repas ; ils furent déjà tous dans la salle à manger est l'invitèrent de se joindre à eux.

La famille au complet fut présente, une des remarques pertinentes qu'il fit sur eux est qu'ils arrangèrent toujours pour être tous là à l'heure du repas. En posant les restes des couverts sur la table à manger la maman lui parla d'un ton plaisant pendant qu'elle prit place.

- Mon fils quand tu es avec nous tu te comportes en saint pourtant ton papa m'a dit que tu courtois les grands milieux, c'est très bien il faut savoir crée les contactes, la vie c'est des opportunités.

Il se perdit dans sa pensée pour un moment avant que lui vint cette réponse:

- Oui maman il m'arrive de temps à autre d'aller me détendre pour chasser le stress accumuler pendant la semaine, mais il me faut faire aussi des économies pour bâtir une meilleure vie.

Elle lui complimenta avant qu'Aminata ne lui posa une question embarrassante.

- Bello as-tu même de petite amie?

Tout les regards ce tournèrent vers elle et elle répliqua.

- Quoi c'est vrai il vient toujours seul, je pense que s'il avait une copine il nous aurait déjà présenté durant tout ce temps que nous sommes ensemble. Il fait parti de la famille et entre nous il n'y a pas de secret n'est-ce pas?

Bello resta abasourdi, oui il fut vraiment éblouir voyant comme le dialogue se passait entre parents et enfants chose qu'il ne connut pas avant ce jour là. Il ne sut quoi répondre, ils prononça ses paroles pour satisfaire les attentes de la petite.
. Je dois l'admettre jamais je n'avais vu une famille être aussi simple comme la votre dans leurs conversations.
Le papa prit la parole comme pour lui donner une liberté morale.

- Sent-toi à l'aise, ici tu es en famille, tu n'as pas besoin de nous cacher ses choses là, réponds donc à ta petite sœur.

Awa qui fut assit juste en face de lui, garda son regard droit dans le sien sans même tenir compte que cela put éveiller l'attention.
Pensant vouloir brouiller leurs discrétions, il répondit positivement . Cet alors que cela ce compliqua de plus, la maman lui dit cette fois ci:

- bien ça mon fils tu nous la présente quand?
  Non je vous invite le week-end prochain, dit à ta petite amie que ta maman désire fait sa connaissance.

Chose qu'il ne put refuser, un oui qui fut traduire en larme dans son cœur s'imposer. Pourquoi mentir pour souffrir après, de quelle petite amie parla qu'il alors? Puisque la seule fut leur propre fille.

Cette situation commença à lui bouleverser pendant tout son trajet du retour pour la maison, où et comment avoir une fille pour le rendez-vous qui fut programmer dans une semaine seulement par la femme de son patron, cette question lui hanta. La journée suivante qui fut un fériée lui se trouva à la maison dans la recherche d'une solution pour pouvoir honorer sa parole, son téléphone sonna, regardant un appel d'Awa après qu'il eut décroché elle ce fit entendre:

- Où es-tu?
- Je suis à la maison.
- Bien j'arrives.

Voyant la manière dont elle fut bref dans ses paroles et raccrocha sans même présenter un mot de politesse, elle qui fut d'une noblesse caractérisé, elle ignora complètement ses bonnes manières. Il se douta de quelque chose après un tel changement brusque sans plus tarder elle arriva.

Ce plaçant devant lui, elle lui fixa en gardant le regard droit dans le sien, Bello lui posa alors la question.

- Pourquoi tu restes debout sans t'assoir et me regardé de la sorte on dirait qu'il y a un problème?
- Je ne suis pas venir ici m'assoir, problème hein oui dit moi qu'elle est cet histoire de petite amie.

  Je te connais un tout petit peu tu ne mens pas si facilement encore quand il s'agit d'une chose aussi sérieuse, sauf si tu viens de commencer.

- Tout ceci est de ta faute, rien de cela n'allait arriver si tu contrôlais ta manière de me regarder, j'ai dis oui en pensant les distraire mais cela c'est retourné contre moi.

  En te voyant se comporter de la sorte même un aveugle comprendra qu'il y a une histoire entre nous, je ne sais pas pourquoi ton papa ne là pas remarquait ou il le soupçonne déjà. Ma réponse était pour qu'il ne se doute de rien en cas ou si l'un d'entre eux pensait à quelque chose de la sorte, mais qui pouvait me dit que ta maman devrait me fait cette demande.

Je m'enfiche qu'ils le savent ou pas, moi je t'aime et c'est tout, maudite petite sœur elle aime fouiner dans les affaires des autres.

. Maintenant comment comptes-tu fait parce que maman après ton départ nous a demandé de nous préparer elle voudrait que ton amie soit très satisfaite de cet invitation.

. Laisse moi réfléchir à chaque problème il doit y'avoir forcement une solution.

. Maintenant que je suis rassuré tu peux m'embrasser comme le font les amoureux quand ils ont eu un mal entendu, j'entend donc tu ne veux pas le fait s'il te plait bébé. Je te préviens je suis très jalouse et n'accepterait jamais de te partager avec une autre, je ne veux même pas y penser viens dans mes bras mon amour.

Ils se serrèrent amoureusement l'un contre l'autre, d'une petite voix elle lui dit dans ses oreilles:

- Je ne veux plus vivre secrètement notre amour, dans deux jours je serai en période de fécondité faisons le sans préservatif là avec une grossesse tout le monde sera contrainte d'accepter notre mariage et vite fait si tu m'aime vraiment. Je te connais ne cherche pas à me moralisé je suis une grande fille déjà et sais ce qui est bon pour moi.

- Bien sûr que je t'aime et je suis bien conscient de ta maturité mais parlons d'aujourd'hui demain est un autre jour.

Ils séparèrent en tombant d'accord de se revoir dans deux jours pour mettre en exécution le plan d'Awa, pendant la nuit il examina leurs mis au point et se posai la question:

- Peut-on faire un enfant seulement parce qu'on aime son partenaire sans toute fois au préalable apprêter son arrivée?

Lui-même parvint a la réponse que non parce que élever un enfant n'est pas une petite responsabilité.

Pour lui il trouva cela irraisonnable, il vivait dans un ghetto où il fut en location, quelle bonne suit vie apporter à une descendance dans des tel conditions, non dit-il loin de moi la pensées que ma progéniture connaissent les mêmes misères, souffrance, chagrins et difficultés que moi dans mon enfance. Ce fut vrai que la famille d'Awa était riche mais dans la vie, il ne faudra pas faire des projets ou adopter une résolution en comptant sur autrui conclure t-il.

Ne l'oublions pas l'homme est un être imprévisible, loin de là le risque fut gros pour lui. Le papa de la fille lui avait dit clairement de ne jamais l'oublier qu'elles sont ses sœurs et ce job fut le seul moyen de son gagne pain. S'il se fit renvoyer, cela put prendre trop de temps pour retrouver une position dans une autre société qui ne lui fut pas sûr.

Sans parler du mauvais moment qu'il encourut peut être dans une cellule ou même pire encore, parce que certains hommes riches quand qu'ils eurent des problèmes emploi tout les systèmes pour les résoudre.

Toute ses réflexions lui éclairci les idées, il lui fallut tout arrêter entre eux le plus vite possible.

Son patron fut du style à trop protéger sa famille, prudence est mère de sûreté.

Le jour du rendez- vous après le boulot, il ne retourna pas directement à la maison et quand elle l'appela, il lui donna un faut prétexte ainsi de suite pendant trois journées d'affilés comme il se fut informé sur la durée de période de fécondité de la femme.
A une journée de son invitation chez son patron avec son amie qu'il n'eut pas toujours l'actrice qui jouera ce rôle, il partit voir l'une de ses voisines du quartier avec qui ils eurent déjà des présentations, celle-ci vécut avec sa grande sœur et travailla dans une coopérative comme caissier.
Ayant une bonne relation de voisinage avec celle-ci que ce limita dans les salutations uniquement, elle fut surprise de lui voir frapper à leur porte.

- Salut voisin, quel bon vent amène chez nous aujourd'hui pour la toute première fois?
- Il faut toujours une première fois en toutes choses, je voudrais causer avec ta sœur si elle est là.
- Là tu n'as pas tort, Adjaratou-Adjaratou viens voir qui te cherche .

Après qu'il obtint la permission de sa sœur, il proposa à Adjaratou de faire un tour le temps de lui expliquer la raison de sa visite.

- J'ai une grande faveur à te demander s'il te plait ne me répudie point.
- Si cela est à mon pouvoir et sans désagrément j'en serai ravir de te l'accordée.
- J'ai voulu me couvrir de fleur devant la famille de mon patron en les disant que j'ai une petite amie, maintenant la maman insiste que je lui fasse des présentations. En nous invitant, je ne pouvais pas lui dit non elle est comme une mère pour moi et le rendez-vous est prévu pour demain.
- Attend, attend si j'ai bien compris de me fait passer pour ta petite amie, tu as mesuré le poids de ce que tu me demande Bello? Et tout ses filles donc

je vois entrer chez toi sont où pour que c'est à moi que cette requête est adressé ?

- Ce sont ses enfants et la plus régulière est sa fille ainée, s'il te plait.
- Je vais essayer mais avant tu dois tout m'expliquer, voyant ses dernières visites on comprendrait facilement qu'il y'a une histoire entre vous. Je dois savoir dans quoi je veux mettre les pieds, je suis une femme moi aussi.
- Tu as raison il y'a quelque chose entre nous, mais j'ai l'intention de tout arrêter, elle demande que nous faisons un enfant pourtant notre relation est un secret et avec une grossesse il sera dévoiler au grand jour.
- J'espère bien que tu sais ce que tu veux faire?

  Elle doit vraiment beaucoup t'aimer pour te vouloir comme celui avec qui elle veut avoir un enfant, sait ne pas donner à tous les hommes, une tel occasion de faire une progéniture sans avoir courir derrière une nana. Mais ce que je ne comprends pas pourquoi tu refuses pourtant tout est à ton avantage et elle est très belle comme fille et aussi riche.
- Oui c'est vrai elle est d'une beauté comme toi , moi je pense à mon avenir et celui de se pauvre innocent qui devra naitre. Premièrement on prépare l'arrivée d'un enfant sans compter sur autrui ; le plus grave c'est son papa, il m'avait déjà mis en garde de les considérer comme mes sœurs surtout de ne jamais l'oublier. Tu vois, je risque gros.
- Peut être vrai, peut être faut la vie est faite des risques fin de compte c'est toi qui sera gagnant si le mariage à lieu comme elle pense.
- Oui comme on dit qui ne risque rien n'a rien, mais il faut savoir prendre les risques.

  Attention j'ai déjà été avertir et lui et sa femme me prennent comme leur fils.
- Hé c'est bon tu es celui qui les fréquentes et tu es mieux placer que moi pour savoir les décisions que tu pourras prendre, seulement je ne pense pas que plusieurs personnes à ta place réfléchiront comme tu le fais.

Tu dis que c'est pour demain hein ; ok donne moi l'heure et passes me chercher trente minutes avant.

Il retourna chez lui étant en joie tout en sachant que la solution d'un de ses problèmes venait d'être trouver, il resta celui d'Awa. Le lendemain comme prévu, il partit chercher Adjaratou qui fut déjà prêt. Dans une tenue ensemble pagne sur mesure avec des broderies remarquables tout les bords des manches et du col sans parler de sa coiffure qui fut très simple, elle fut chausser d'une pied nue qui marier sa tenue son élégance ne put passer inaperçu. Oui ce fut ce jour là qu'il admira très bien sa beauté.

Tout fut déjà prête à leur arrivée chez son patron, l'accueil fut chaleureuse et le protocole fut spectaculaire ; ils furent reçus princièrement dans leur grand salon meublée des fauteuils rembourré avec un plafond lambrissant où ils firent les présentations et l'atmosphère eut une aisance aristocratique, toute la famille fut présente à l'exception d'Awa qui c'enferma dans sa chambre jusqu'au moment où sa maman partit lui fait sortie de là, même quand elle fut présente cela fut sans différence.

Après le repas qui ce termina par un dessert regorgeant presque de tout les fruits les plus rares du pays, ce fut un délice.

ils retournèrent dans le grand salon et la maman lui fit une appréciation en disant:

- Je comprends pourquoi tu te comporte en responsable, tu as du goût mon fils.

  Ma fille viens le plus souvent avec ou sans lui, ici c'est ta maison passe quand tu veux compris?

D'un geste de la tête en signe d'approbation Adjaratou répondit, ils continuèrent à bavarder jusqu'au moment de vouloir prendre congé.

La maman ce leva et appela Adjaratou:

- Ma fille avant de partir viens avec moi, nous allons faires les causeries entre secret des femmes.

Celle-ci lui suivit quelques minutes plus tard elles revinrent tous deux chacune toute souriante et ils partirent.
Dans le taxi pendant leur retour, il constata qu'Adjaratou lui porter un regard sans détour. Ce fut en ce moment quelle lui demanda avec insistance:

- Je veux que tu me regarde bien et me dit ce que tu remarque de nouveau.
- rien de plus que ton sourire qui arrive aux oreilles. Dit le jeune homme
- Non ce n'est pas ça, mon cou aveugle la chaine en or, je ne l'avais pas ce matin c'est la dame ou plutôt ta maman qui me là offert et ce n'est pas tout il y'a aussi cette enveloppe, qu'elle m'a demandé de m'acheter un cadeau avec son contenu en me le remettant.

  Cette famille doit beaucoup t'aimer, comment es-tu arrivé à coucher avec leur fille?

Tu avais peut être raison fin de compte, ils peuvent prendre cela en mal s'ils l'apprennent et vue la manière dont ils te traitent si bien.

Il faudra considérer quelqu'un comme un fils pour agir de la sorte à son égard. En parlant d'elle-même tu as remarqué son comportement tout à l'heure?

- Oui et je crains ce qui va suivre, elle m'avait prévenu que si j'ose voir une autre fille, Je verrai son vrai visage.
- Je ne veux pas être à ta place, voir le vrai visage d'une fille amoureuse et en colère de jalousie c'est une catastrophe.

Sans même arrivée dans leurs quartier son téléphone sonna l'appel entrant fut celui d'Awa, après avoir décroché il mit sur haut parleur.

- Je dis hein tu joues avec les sentiments de qui Bello, Bello c'est moi que tu provoque?

Et raccrocha, Adjaratou qui fut auprès de lui entendit tout ses propos et il dit:

- Elle doit profondément t'aimer pour se comporter de la sorte, j'essaye de me mettre dans sa peau et imagine son état en tant que femme, maintenant quel sera ton second plan?
- Je ne sais vraiment pas, si toi en tant que femme ne me viens pas en aide. Pour tout te dit c'est ma première expérience amoureuse et je dis que cela ne me réussi pas.
- Ha bon un grand garçon comment toi, cette fille a raison de t'aimer à ce point même si c'était moi j'agirai pareil et laisse moi te dit ceci qui aime est jaloux, dans ce type de situation toi seul peut aider.
- la jalousie je n'en sais rien de tout ses choses là, mais ce dont je pense est que ci elle te trouve chez moi, elle pourra peut être se résigner, parce que j'ai comme une intuition qu'elle sera là aujourd'hui ou demain.
- Si au lieu de se résigner c'est une bagarre qui éclate?

Quand l'amour prend le dessus on perd parfois tout raisonnement, j'en sais quelque chose. J'avais un prétendant autrefois qui m'aimer comme il le dit moi aussi je l'aimai, il voulu toujours avoir les rapports sexuels avec moi. Mais je lui disais toujours non pas avant le mariage, le sexe n'est pas une partie de jeu, ni de distraction ou encore de plaisir. Le sexe est sacré, c'est par ce processus que nous procréons.

Voyant ma détermination après plusieurs tentative, il c'était tapé une autre nana, qu'il voyait en cachette. Un jour que j'allais lui rendre visite sans l'avoir prévenir d'avance parce que je voulais lui fait une surprise. A ma grande surprise à mon arrivée j'avais trouvé une jeune fille entrain de cuisiner dans une tenu sexy dans sa cuisine, sans même cherchais à comprendre ce qui se passait mon cœur enflamma de jalousie. Et j'avais déclenché une bagarre avec elle, le bon monsieur prit la fuite en nous laissant, sans l'intervention des voisines qui nous avaient séparé, Je ne sais

comment cela se sera terminer, après avoir retrouvais la raison quand je m'étais calmé, je rentrai chez moi, ainsi pris terme à notre relation.
Pour celle-ci je ne sais jusqu'où elle peut arriver, nous n'agissons pas tous de la même façon concernant une douleur.

- Non elle est peut être agressive moralement mais violente physiquement je ne pense pas, regarde là avec sa petite corpulence elle n'osera pas s'attaquera a un poids lourd comme toi.
- Qu'est-ce que tu en sais? Elles sont même les plus dangereuse et sait pas moi qui payera les pots cassés.
  Je te suggère de dialoguer avec elle, le problème vous concerne tous deux et vous étés les seuls à pouvoir le résoudre dans la paix et sans rancune.
  Fuit comme la dernière fois quand elle voulait un enfant de toi ne t'aidera pas.
- Tu as peut être raison et merci pour tes conseils, je crois que je vais les suivre même comme je ne suis pas douer avec les femmes.

Ils arrivèrent dans leur quartier et il lui raccompagna chez elle.

Pendant la nuit il revécut ses beaux instants en compagnie d'Adjaratou, très tôt le matin il reçut la visite d'Awa.
Cela ne le surpris pas puisqu'il l'imagina la veille, mais du faite que son arrivée fut de très bonheur l'inquiéter.

- toc-toc-toc
- Qui va là?
- Ouvre avant de faire semblent d'être gentil.

Il reconnut la voix et se pressai à ouvrir la porte ; à son entrée elle se mit à s'affoler.

- Elle est où cette putain de fille, je croyais là trouver ici, je devais commettre un crime.
- Que fais-tu ici à cet heure du matin, les parents savent que tu es sorti?

- Épargne-moi tes grimaces, oui pour te rassurer aujourd'hui tu arriveras avec retard au travail.

  J'ai dis à mon papa qui est ton patron que tu dois m'accompagner à un déballage du matin pour acheter une ballerine pour l'enfant de Bachire , donc tu as tout ton temps pour m'expliquer qu'elle sont tes relations avec cette fille? Hé j'ai bien remarqué la façon avec laquelle dont elle te regarde ou c'est son tars de graisse de corps qui t'attire vers elle?
- Awa laisse moi au moins le temps de faire ma toilette, tu me sors du lit et me pose une stupide question. Pour tout te dire je ne comprends plus ton comportement.
- Ha bon monsieur se prend la tête, prend tout ton temps mais j'entends une réponse et n'oublie pas que c'est moi qui ta façonner dans ce domaine de femme, maintenant tu me fais sa à moi Bello que t'ai-je fait de mal mon amour?

Après avoir terminai de prendre un bain et de s'être habiller, il la proposa de partir dans un cafeteria pour déjeuner, question de calmer la tentions qui fut dans l'air.

- Merci cela peut attendre, pour le moment c'est d'une réponse dont j'ai besoin, raconte-raconte.
- Awa tu es une très belle fille intelligente et…
- Et quoi bla-bla-bla, ce n'est pas ce que je veux entendre aujourd'hui parle moi de cette...... je ne sais même plus comment lui qualifier, fait vite ma patience a des limites.
- C'est une voisine et amie y a-t'il quelque chose de mal en ça?
- Oui je dois être ta seul amie fille, fait toi des amis garçons que tu n'as d'ailleurs même pas, c'est toujours comme cela que sa commence après sa sera mon chéri. Non je ne veux pas de cette relation.

- Excuse moi tu n'as pas le droit de porter ton choix sur mes amies que sa soient filles ou garçons.
- C'est vrai mais je suis seulement ta petite amie, et pour moi l'amitié est une responsabilité. J'ai au le devoir de m'intéresser à la relation de celui que j'aime, je ne vois rien de mal en ça ou tu dois alors choisi entre elle et moi cette fille ressent quelque chose pour toi, l'instinct féminine ne se trompe pas facilement. Tôt ou tard sa doit se dévoiler et tu risqueras de me tromper avec qu'elle.

  Si c'est elle que tu choisi sans rancune c'est la vie mais sache seulement que je t'aime Bello et t'aimera toujours même si je voulais te détesté, je n'y arriverai jamais.
- Moi aussi je t'aime mais comme une sœur, nous nous somme trop presser sans avoir le temps de distinguer nos sentiments, s'il te plait pardonne moi et vivons comme frère et sœur.
- Nous ne sommes pas frère et sœur tu le sais très bien et on ne couche pas avec un membre de sa famille, je comprends donc tu as aussi un penchant pour elle. tu ne m'aime pas comme tu le dis, sinon tu ne parleras pas de cette manière.
- Au contraire Awa tu compte beaucoup pour moi mais s'il te plaît comprend moi, j'ai honte de moi même. Regarde comme tes parents s'occupent très bien de moi, tout doit s'arrêter dans ce sens là.

  Vivons maintenant en tant qu'une famille je t'en prie, je te préfère en sœur qu'en amoureux s'il te plait accepte le.
- Ok on ne force pas ces choses là, je te souhaite d'être heureux baye.

Elle sortit en déluge de larmes, il essaya de lui retenir mais elle insista de partir. il se rendis au boulot, il voulut retourner s'assoir après avoir fait les salutations à son patron quand sa voix lui retint.

- Le déballage c'est bien passé?

  Ta sœur m'a dit hier soir que tu devais lui tenir compagnie ce matin.
- Je ne suis pas partir avec qu'elle, elle l'aurait due me prévenir d'avance. Je travaille moi, j'ai un programme à respecter, elle me surprend et me demande de l'accompagne en disant avoir obtenu une permission de votre part. Non cela ne ce passe pas ainsi c'était à moi de le fait cette demande de permission.
- Bien mon fils tu as tout les qualités d'un bon futur patron, il faut toujours réfléchir au moins dix fois comme disait mon ami lannon avant de prendre une décision.

  On n'a pas besoin d'une demande pour allez chez son frère, raison pour laquelle je ne me suis pas opposer quand elle m'a dit . Mais par contre tu as bien agir, je suis vraiment épater.

  J'ai voulu connaitre tes faiblesses, continue ainsi avec tes principes je t'assure que tu serais une très grande personnalité dans cette société.

Son patron continua à lui donner plusieurs exemples dans la façon d'agir et de se comporter vis-à-vis de certaines situations qui font face au quotidien et ils retournèrent à leurs obligations journalières.

Pendant la tombée de la nuit quand il s'apprêta pour suivre le journal télévisé, il entendit frapper à sa porte.

- toc-toc-toc.
- Qui va là?
- toc-toc-toc

Croyant encore à l'une des crises d'Awa il ouvrit sans même plus vouloir insister à la question.

- Surprise je voulais avoir les nouvelles, c'est toi qui m'a mis dans le jeu et j'ai le droit être informer de comment est son déroulement.

Ce fut Adjaratou qui ce tint devant sa porte et lui parla d'une petite voix, il l'invita d'entrer avant de lui raconter les événements.

- Il y'a pas de nouvelle du moins ce que tu penses d'entendre, elle était là comme je l'avais imaginé mais de très bonheur cette fois ci ; ce qui ma surpris.

  Et j'ai suivi tes conseils à la lettres, nous avons conversé, je lui ai demande de me considéré comme l'un de ses frères.

  En disant que tu es mon amour, elle je vais lui considérer comme ma sœur et elle est repartie en sanglot.
- Non pas vrai tu lui as vraiment dit cela je ne te croyais pas capable de lui dit une tel vérité aussi tôt bien quelle n'est pas tout afait vrai et crois-tu qu'elle doit l'accepter si facilement?
- Je ne pense pas, mais si tu veux toujours à m'aider il doit falloir que nous multipliions nos visites en couple chez eux. Avec cela j'espère que la suite sera favorable en nous voyant tout les deux à chaque fois.
- Pour m'a part je ne vois aucun inconvénient, mes week-end sont pratiquement libre, cela va m'occuper un peu et en plus je vais m'amuser aussi.

Ils continuèrent de bavarder sur un autre sujet jusqu'au moment où elle fut partir en prenant un prétexte de vouloir suivre un feuilleton télévisé bien que celui-ci lui proposa de le voir ensemble chez lui ; elle voulut le regarder avec sa sœur comme d habitudes.

Le week-end suivant comme programmer, ils partirent chez son patron à l'improviste dans l'espoir de voir sa pensée se réaliser. A leur arrivée:

- bonjour maman nous passons par là et avons décidé de venir vous fait nos salutations.
- Merci mon fils de penser à nous, puisque vous êtes là vous allez devoir patienter, un enfant n'arrive pas chez eux et repart sans goûter le repas de sa maman, asseyez-vous dans quelques instants tout sera prête. Comme tu es très ravissante ma fille et vous faites un très beau couple et j'espère que tu prends grand soin de lui?
- Tant qu'il sera à mes côté, je le protégerais comme la prunelle de mes yeux.
- bien que cela soit ainsi c'est tout ce que je peux te demander ; tout ce que veut une maman c'est le bonheur de ses enfants. Tu fais au moins une bonne cuisine? tu n'es pas paresseuse comme tes belles sœurs toujours devant l'écran de télé ou sur internet. Pourtant une bonne épouse doit savoir bien cuisiner pour son époux et l'entretenir convenablement, les hommes aiment quand on s'occupe d'eux comme des bébés. Tu vois son père je peux dormir tranquille parce que je sais qu'il a tout ce dont il pourra envier dehors à la maison ; même s'il sort il reviendra toujours. Tu sais ma fille c'est triste de le dit mais c'est une réalité ; si tu garde bien ton homme il se sentira toujours ton besoin même s'il est accompagner par une autre.

Quand tout fut prête, elle nous invita à rejoindre la salle à manger. Au court du repas Aminata posa encore une de ses questions intrigante en disant:

- belle sœur j'espère que je serai parmi les demoiselles d'honneur le jour du mariage que je souhaite très vite l'arrivée, pas toi Awa?
- Nous n'avons pas le même goût petite sœur, je préférai être une simple invité comme les autres et souhaites beaucoup de bonheurs aux maries.
- Egalement pour chacune d'entre vous mes sœurs, je prie que viennent vers vous les prétendants digne de vous.
- Bien parler mon fils j'adore ton sens de l'humour, que le tout miséricordieux t'écoute.

Termina la maman en entamant un notre sujet, ils restèrent dans une bonne ambiance après le repas dans le salon.

Adjaratou profitai pour échanger de contacte avec toute la famille, vers l'approche de la soirée ils rentrèrent.

Une fois arrivée au quartier Adjaratou lui dit:

- Merci Bello tu m'as encore fait passer un très bon week-end une fois de plus, mais ta sœurette ou dois-je l'appeler ton ex-petit amie, elle s'est montré trop distante.
- Tu peux l'appeler Awa tout simplement c'est son prénom et je pense que cela sera très bien si vous devenez des copines.

Les week-ends passèrent et il continua à les rendre visites toujours avec sa soi disant petite amie, durant l'une de ses visites aux quelles ils passèrent un très bon moment dans le sofa en dialoguant.

Amidou lui posa la question à savoir:

- Bello où sont tes véritables parents?

  J'espère que ma question ne va pas t'importuner, Par-ce-que tu es le style de frère que j'ai toujours rêvé avoir.
- Non frangin au contraire elle m'enchante, mon papa est décédé depuis mes dix-sept ans et maman est actuellement à plus de neuf cent kilomètres d'ici où elle vit avec mon petit frère. Je vais te raconter comment je me suis retrouvé dans cette ville.

  Mon défunt papa fut agriculteur qu'il l'avait hérité de le sien et vécut en campagne avec sa grande sœur qui fut aussi mariée à un campagnard tout son vivant, son frère aîné les quitta pour l'aventure dans cette ville. Ils furent trois à leurs parents ma tante suivit de mon oncle et ensuite mon papa qui fut le benjamin.

Par la grâce du tout miséricordieux les choses se passèrent bien pour mon oncle à son arrivée ici au point qu'il c'était marié et ce construit dans l'un des beaux quartiers de cette ville, il vint de temps à autre nous rendre visite à la campagne là où moi je suis née et partais à lécole.

Quand je suis arrivé en classe du lycée il s'était passé quelque chose d'horrible dans notre localité.

Un jour un jeune homme qui habita la même campagne que nous, avait pris pour habitude de tromper sa femme avec celle de son voisin. Un vieux jardinier qui épousa une jeune fille d'environ vingt ans. Pendant la saison des semailles, le vieux jardinier passa les nuits sous un hangar au milieu de son jardin qui était tout près de son logement pour ainsi chasser certains animaux nocturne qui vénèrent détruire les semences.

Il eut un chien qu'il détacha pour rôder dans l'enceinte de sa clôture toutes les nuits, il remarqua que l'aboiement de celui-ci fut trop accentué dans ses aboiements certaines nuits.

Comme il eut l'habitude de le faire à chaque fois qu'il lui donna une alerte ; il se présenta sur les lieux la plupart de temps se fut un animal qui forcer l'entrée parmi les pailles tisser ou qui fut déjà à l'intérieur, mais pendant ces nuits précise où l'alerte fut particulière il trouva toujours que sa femme disant partir au toilette. Comme dans le plan des constructions de maisons campagnardes pour la plus part les latrines sont toujours à l'entrée de la concession pour que même si un passant ou visiteur veut se soulager, il le fait toutefois sans entrée dans l'habitation. Parce que comme nos ancêtres le dirent les génies de la brousse prennent souvent la forme humaine pour entrée dans les villages proches.

Le pauvre ne comprenant rien retourna toujours se coucher, elle qui avait déjà fait entrer son amant en se mettant coller contre lui et marchaient comme une seul personne.

De la sorte que même si le vieux essaya de d'apercevoir en distance il ne verra qu'une seul silhouette et lui faisait sortir de la même manière quand ils finirent.

Une nuit que le même scénario c'était reproduit, il attendit quelques dizaines de minutes avant de se présenter chez lui, voulant entrée dans sa chambre il constata que celle était fermé de l'intérieur chose interdit de faire quand le mari est encore dehors ; gentiment il appela sa femme.

- zénabou ouvre moi et pourquoi fermes-tu la porte de notre chambre quand je suis à l'extérieur?
- qu'est ce que tu veux? Laisse-moi dormi tranquillement.
- Mais dans ma propre maison tu me demande ce que je veux? qui même encore ma propre femme ouvre moi ça vite avant que je ne la défonce avec toi merde.
- Part et revient le matin comme tu me laisse souvent, je ne t'ouvre pas.

Notre jardinier furieux partit prendre une deux-cent-deux, c'est le nom d'une machette un peu plus large et épais que les autres, les planteurs l'on surnomme ainsi parce qu'elle coupe presque tout facilement sur son passage dans un champ. La femme en comprenant les bruits quand il fouilla les outils du jardin, qui furent ranger dans un angle du salon, ouvrit la porte, son partenaire en voulant se sauvée ne réussit pas d'échapper à un coup du deux-cent-deux que tenait déjà le jardinier entre ses mains, celui-ci fut déséquilibrer et le fugitif tomba.

C'est alors qu'il ce mit a lui donner des coups de machette encore et encore sans s'arrêter jusqu'au moment où sa femme poussa un cri de désapprobation qui réveilla tout les habitants de la petite campagne où tout le monde ce connaissaient tous entre eux.

Une fois éveillée chacun chercha à savoir d'où vint ce cri et alla voir la cause de ce désastre.

A leurs arrivées ils virent un homme coucher agonisant dans une mare de sang, certains d'entre eux qui avaient une lampe de poche cherchèrent à voir le visage de qui put être mais cela ne fut pas facile de le reconnaitre, le sang avait donné une autre vue à sa face. Ceux qui eurent des téléphones portables passèrent immédiatement des appels au dispensaire le plus proche, qui ce trouva à plus de cent quatre vingt kilomètres de là et ils restèrent là autour de la victime attendant ainsi l'arrivée des secouristes.

Vue l'état de la route non couverte de bitume cela dut les prendre des heures pour arriver, le jour fut lever avant que tout le monde le reconnurent.

Sa femme en le voyant dans cette terrible souffrance dit les yeux pleins de larmes.

- Mon mari donc c'est ce que tu partais faire chaque fois que tu quittais ta maison en me disant partir au service de nuit me laissant ainsi toute seul avec nos enfants?

  Même si fallait me tromper, tu ne pouvais pas chercher une plus que moi celle-ci, même mes pantoufles sont devant elle et regarde toi maintenant.

Les autres femmes vinrent lui tenir par la main tout en lui calment et restèrent auprès d'elle, ce fut à l'instant net que les habitants entendirent la sirène de l'ambulance que celui-ci rendit l'âme, par la demande du doyen sa femme partit chercher un pagne dans leur domicile qui fut à quelques pas avec lequel on lui couvrit, en tout car ce qui resta de sa dépouille. Les secours sur place attendirent l'arrivée de la police qui les avait suivit, après avoir prirent des photos, les éléments de police embarquèrent le coupable et sa femme.

Les anciens organisèrent une fois son enterrement, après que la terre lui eut engloutir et tout fut terminer, les personnes présentes ce posèrent la question de savoir ce que cet homme trouva de mieux chez l'autre. Pourtant sa femme fut d'une beauté sublime, mais il fut le seul à pouvoir répondre à cette question dommage qu'il ne fit plus compter parmi les vivants de ce monde.

Sachons le très bien tôt ou tard nous allons rétribuer le mal que nous commettons, d'autres aux prix de nos vies.

Ce fut après ce crime atroce que je décidai de quitter la compagne pour cette ville où j'habitai chez mon oncle à qui je dois beaucoup lui-même aussi décédé il y'a deux ans de cela, comment j'ai réussi jusqu'à parvenir dans une grande entreprise comme celui de papa et y travaille?
Là c'est une autre histoire que je me ferai le plaisir de vous là raconté une prochaine fois.

Amidou fut entrain de le supplier de finir avec son histoire, quand Awa prit la parole en disant:

- Comme c'est émouvant cette histoire, Adjaratou tu ne veux pas faire comme ton fiancé en partageant quelque chose avec nous?
- Bien sûre toute personne à une histoire, le simple fait de naître et grandir jusqu'à certaine âge en est déjà une.
  Mais la mienne est triste oui triste parce qu'elle me concerne directement, j'avais onze ans quand mon papa était sorti un matin de la maison disant se rendre au travail. Et n'était plus jamais revenu jusqu'aujourd'hui, personne ne sait où il est ou ce qui c'est réellement passé, aucune nouvelle de lui même dans la grande famille. Trois ans plus tard ma maman décéda ronger par le chagrin, me laissant avec ma grande sœur qui c'est occupé de moi sans l'aide d'un membre de la famille que ce soit de côté maternelle ou paternelle, en braisant du poisson devant un bar du quartier. Pour ne plus être trop une charge pour elle parce que je le suis toujours, j'ai commencé à chercher du travail après avoir obtenus mon B.A.C. Sa situation me préoccupai, il était temps qu'elle s'occupe bien d'elle-même car son souci majeur fut moi, célibataire de son état elle n'avait que moi dans tout ses plans.

J'ai eu la grâce de trouver un job dans une société sous-traitante en énergie électrique où je pus décrocher une place pour ma sœur au service d'entretien de l'entreprise puisque le salaire fut considérable et moi je suis maintenant caissier dans une coopérative. Comme je ne cédai pas aux avances du boss, il me renvoya et prit une nouvelle secrétaire a ma place. Temps mieux mon nouveau emploi est très cool, je suis en contacte permanent avec l'argent chaque jour bien que cela ne m'appartienne pas.
Ma sœur et moi vivons dans l'espoir que notre papa reviendra un jour chez lui, sa chambre est toujours telle qu'il la laissait.

Awa posa encore une autre question.

- Donc tu veux nous dit que Bello est ton premier gars?
- Non je n'ai jamais dit cela belle sœur et il n'est pas encore mon homme, nous sommes seulement fiancé c'est tout. Mais après le mariage oui il sera le mien, mais avant lui j'ai eu un prétendant.
  Nous nous aimons mais avons rompu parce qu'il ne voulait pas respecter ses engagements et je ne regrette rien, d'ailleurs on ne regrette jamais d'avoir connu quelqu'un il vous apprend toujours quelque chose. Que cela soit en mal ou en bien, il vous aurait quand même apprit une leçon de vie.
  Je vis dans la maison familiale avec ma grande sœur, nous sommes très complices et c'est ma meilleur amie.

Pour la toute première fois on vit Aminata ce montre gentil et respectueuse en disant.

- S'il vous plait arrêtaient avec ses histoires qui réveille en nous les mauvais souvenirs et pensons à d'autres choses sur l'avenir, belle sœur je compatis.

La femme de Bachir changea de sujet en disant:

- donc je suis entouré des Bacheliers et licenciés ditent moi alors comment faire pour ouvrir un grand restaurant cinq étoiles?
  Moi aussi je suis titulaire d'un diplôme de fin de formation en hôtellerie ; je ne vente pas mes talents vous aves déjà tous gouter a ma cuisine.

Tout le monde se mit à rire et ils conversèrent jusqu'au moment où ils se séparèrent.
Cette famille qui était devenu la sienne avait et ont toujours eu une grande affection pour le jeune Bello.
Un soir que Adjaratou sortit faire une promenade avec Awa qui finit par accepter son amitié, à son retour elle ce présenta devant la porte de Bello et ne voulut pas entrée après l'avoir appelé puisque sa porte fut ouvert.
Dès qu'il se présenta, toute souriante elle lui dit:

- Cette fois c'est bon, je crois qu'elle n'aura plus les mêmes sentiments envers toi, après tout ce que je lui ai dis pendant la promenade. Il est clair qu'elle t'aime toujours et pas comme un frère vue la façon dont elle parle de toi, en te ventant et en t'honorant cela peut même se lit dans ses yeux.
- Mais que l'as-tu dit pour parler avec tant d'assurance?
- Rien de grave juste un petit mensonge, pendant la sortie ; Elle m'a raconté votre histoire d'amour et j'ai fais comme si je n'étais pas au courant ; En faisant semblent d'être compatissante en vers elle, c'est alors que j'ai profité de son état de choc qu'elle vie encore pour te saboter en lui disant que tu t'es servi d'elle. Comme tout les hommes le font quand ils veulent obtenir quelque chose d'une femme, ils racontent des mensonges pour se favorisée et parvenir à leurs fins.
  Tout cela en me faisant passais pour une connaisseuse dans ce domaine et je pense qu'elle l'a gobé a mon histoire vue la manière dont elle a secoué sa tête négativement.

- pourquoi as-tu fait une chose pareille, tu as pensé dans quelle état cela pourrait lui mettre ?
- il est évident qu'elle te désire toujours même avec moi à tes côtés, j'ai pensé qu'un petit mensonge bien formuler pouvait peut être te sortir définitivement de sa tête.

  Ce jeu a déjà trop duré Bello, moi aussi j'ai une vie à vivre Game over oui tout doit s'arrêter maintenant Bello et je suis sérieuse.
- Je te comprends, tu crois que cela me plait ainsi?

  Durant tout ce temps passer en ta compagnie j'ai réalisé combien tu peux être importante à mes côtés sans vouloir te cacher que tu m'as captivé, si tu ne voie rien d'inconvenant nous pouvons continuer mais cette fois dans la réalité, même comme je n'ai pas encore versé la dot.

Ils discutèrent jusqu'à une heure avancé de la nuit et tombèrent d'un commun pour continuer en relation amoureuse et sincère.

Ce fut se soir qu'ils embrassèrent pour la première fois en amoureusement.

Dans le début de la sixième année qu'il postula avec monsieur Birkhadem, son téléphone sonna tard dans la nuit en regardant l'écran, l'appel fut celui d'Awa. Il ne voulut pas décrocher bien qu'elle insista, parce qu'elle prit pour habitude de souvent l'appeler pour m'intriguer.

Ignorant son appel quelques instants plus tard ce fut celui de la maman, prise de panique parce que celle-ci ne lui appela jamais bien que chacun eut le contact de l'autre et Awa n'oserai jamais utiliser le portale de sa maman pour des blagues même si ce fut elle de l'autre côté de l'appareil ce que le problème est grave et sa maman passa toujours par son mari pour l'inviter ou quand celui-ci fut face d'elle.

il décrocha la voix qui s'adressa à lui fut froide ; il la reconnut seulement quand il entendit :

- Mon fils Hooo, je suis aux urgences avec ton papa, il a chuté au point de ne même plus pouvoir adresser la parole, nous étions au C.H.U de Bonaberi ils nous ont transféré à la polyclinique d'Akwa.

Il raccrocha sans avoir eu la force de dire un seul mot car la nouvelle fut très douloureuse pour lui ; l'atmosphère de paix et d'amour qui régner entre eux firent naître une profondeur des sentiments réciproque. Sautant de son lit il enfila un pantalon et un tricot prenant ainsi la direction de l'hosto.

Arrivée le service d'accueil l'orienta dans la chambre où son patron fut mis en interne, à son entrée dans la pièce Awa qui ce trouva à son chevet accompagne de sa maman courut vers lui l'embrassée en larmes et s'accrocha sur son cou. Elle lui chuchota d'une petite voix qu'il entendit à peine dans son oreille:

- Son cas est grave ainsi à parler le médecin, il doit rester ici en observation jusqu'à ce que s'améliore sa situation.

Il sa rapprocha du lit après avoir fait quelques câlins à Awa, posai la main sur l'une des épaules de la maman. Celle-ci qu'en voyant son mari ainsi balança la tête de gauche à droite.

Et lui à son côté fit des tapotements sur son épaule signe de lui calmer et de soutient, ils restèrent éveillé tous dans l'angoisse jusqu'au petit matin.

Il appela Adjaratou, après l'avoir expliqué la situation lui demandai de lui apporter de quoi fait une demi-toilette, leur relation fut à un stade où elle gardait déjà l'une de ses clés.

Elle ne tarda pas d'arriver et proposa à la maman de leurs raccompagner à la maison pour qu'elles purent se débarbouiller, pendant se temps Bello dus rester auprès du malade, Awa et sa maman acceptèrent après plusieurs insistances.

Lorsqu'elles furent partir, il fit une audience chez le docteur pour être informer de la situation exacte de mon patron. En le prenant comme l'un des fils de la famille comme il se présenta; il lui donna ses conseilles de me pas s'inquiéter pour qu'il soit calme.

- Tout se passera bien pour ton papa ; il a une infection pulmonaire bien avancer, c'est très grave il n'a pas respecté les consignes que nous lui avons prescrit lors de sa dernière visite chez nous.

Tout à l'heure nous allons lui conduire à l'imagerie centrale pour une radio et cela ne sera qu'après le résultat que nous serions à qu'elle stade cela en est.

Ce fut pendant l'entretien qu'il apprit que son patron fut souffrant depuis des mois d'une maladie des poumons qui s'aggrava suite au non respect des prescriptions données par le docteur, ce fut aussi dans cette situation qu'il apprit que, il n'y a pas que la cigarette et les gaz toxique qui peuvent causer le mal des poumons même les boissons alcooliques.
Parce que son patron ne fut pas fumer, mais ne passa pas une seule journée sans boire un coup.

Adjaratou revint avec le reste de la famille, la maman et Awa profitèrent pour rester à la maison pour se reposer en cas où besoin s'impose de passai la nuit à la clinique.
Un bon garde malade ne doit pas dormi d'un profond sommeil pendant les heures de garde, Bachir demanda à Bello de rentrer lui aussi se reposée en lui voyant somnoler.

Comme dans un rêve il entendit son téléphone sonner sans même savoir qui lui appelait, il décrocha la voix lui disait:

- Il est mort, il est décédé tu m'entends?

Les cris des autres voix résonnèrent à travers le baffle du portable, d'un coup tout fut stopper et il continua son sommeil.
Une des questions qu'on se pose encore jusqu' aujourd'hui est de savoir où partent nos esprits quand nous sommes endormir, puisque nous ne sommes pas morts. La science a beau donner des explications mais en réalité cela reste un mystère.

Les battements sur sa porte lui réveillèrent et il ouvrit, Adjaratou se tint devant la porte tenant ces clés dans la main. Elle rencontra des difficultés à l'ouvrir parce que celle-ci fut fermée de l'intérieur avec une vachette.
Ses yeux tout rouges elle se jeta sur lui et lui serra bien fort contre elle en disant:

- Il est décédé, il est mort, papa est parti.

Les lames qui coulèrent de ses yeux suinter sur son dos nue et à chaque goutte, il sentit des frissons l'envahir. La douleur fut plus fort au point qu'il plassa la main sur son cœur d'un geste comme s'il voulut comprimer une palpitation.
Restant là l'un contre l'autre troublé par la situation qui fut survenu ; ils se mirent à dialoguer.
Ce fut en voulant l'expliquer les dernières gestes du défunt qu'elle lui rappela d'avoir reçus un appel provenant d'elle et qu'il raccrocha sans dit un mot, essayant encore en plusieurs reprises il ne décrocha plus, puis elle s'inquiéta raison pour laquelle elle se pressa devenir voir si tout aller bien.
A boire, à boire en levant la main gauche furent les dernières paroles et gestes de son patron et papa. Ainsi l'expliqua Adjaratou; Lui en regardant vers le haut du plafond de sa chambre il dit:

- ô la vie comme ainsi est-elle faite on naît, vie et meurt ; Là est la destiné de tout un chacun.

Les programmes des obsèques furent organiser par l'entreprise et la famille endeuiller. Le jour des funérailles, le cortège funèbre fut d'un grand nombre.

L'ensemble des personnels de leur industrie lui sollicitèrent pour l'oraison funèbre.

Le nouveau patron de la boite qui fut l'adjoint du défunt dans son vivant lui garda comme secrétaire pour quelques temps et ensuite lui muta plus tard dans un autre rayon.

Cela fit déjà huit mois après l'enterrement quand un admirateur cacher demanda la main d'Awa en mariage, celle-ci sollicita Adjaratou comme son témoin.

Une festivité fut organiser, après le cérémonial elle s'avança vers son témoins qui fut avec Bello se tint devant eux, il eut dans son regard de la tristesse, elle ne put retenir ses larmes quand elle leurs dit:

- J'aurai bien voulu qu'il soit là pour m'accompagner en ce jour, papa, papa pourquoi es-tu parti aussitôt, ô mon dieu.

En lui regardant on put se poser la question de savoir si ses larmes furent celle de joie ou de douleur, elle réveilla en lui des souvenir où il se revoyait vivre certains de leur moments passer ensemble quand il fut encore de ce monde oui se fut les larmes de douleurs que Awa versa car lui-même ne put retenir les siennes levant la tête vers le ciel il dit:

- Souffle de vie tu n'es que tromperie et vent, tu élèves les êtres avec douceur, tu nous vantes d'illusion mais quand le moment de reprendre tes dons arrive qu'importe qu'il soit riche ou pauvre, roi ou esclave, sage ou ignorant, enfant ou adulte.

Le cérémoniel fut terminer, la mariée leurs fit les aux revoir et chacun rentrèrent chez soie dès le départ de la voiture des mariées, puis la vie reprit son court comme a la normale le lendemain.

Après le mariage la maison de son feu-patron fut presque vide, Awa qui fut marié et partit vivre avec son mari dans un notre quartier, Bachire qui déménagea pour s'installer dans l'une des maisons hériter que son feu papa acheta avant sa mort dans un autre quartier. Seuls les jumeaux restèrent avec leur maman.

Pendant l'une des visites comme ils firent continuellement Adjaratou et lui, les jumeaux les informèrent de la disparition de leur maman en lui disant qu'ils ne voulurent pas lui nuire avec cela comme il fut dans cette période où il fut entrain de cherchr à décrocher son doctorat.
Pourtant il eut déjà connaissance de cela par certains de ses collègues de service, que le nouveau patron fut retrouvé mort sur une femme dans un hôtel de la place. Et celle-ci fut la femme de feu Mr birkhadem son ex patron qui fut aussi le patron de celui retrouver mort à l'hôtel pendant son vivant.
Après avoir finir l'interrogatoire par la police ils lui relâchèrent pour attendre les résultats de l'autopsie, elle ne remit plus les pieds chez elle.
Personne même ses enfants dirent ne pas avoir des nouvelles provenant d'elle, ils firent coller des photos d'elle presque sur tout les poteaux de la ville accompagnée des annonces de recherches dans des presses et radio sans suite favorable.
Qui put imaginer que cette grande dame dans sa vertu et richesse put être un jour trouver en faute d'adultère puisque son amant fut marier et sa femme lui côtoya de temps à autre et fit d'elle sa camarade.
La vie réserve vraiment des surprises.

Il émit l'idée de crée une association des jeunes ressortissant de son quartier à ceux qui eurent la grâce de vite réussir en quittant le ghetto. A.J.R.G (Association des jeunes ressortissants du ghetto) qui finit par voir le jour où il participa comme président adjoint.
Les congrès ce firent une fois par trimestre, et le dernier de l'année fut toujours terminer par une fête grandiose.

Aujourd'hui encore cela continue de ce passe mais seulement une fois par ans pendant les grandes vacances, la nouvelle génération de la jeunesse l'ont plus et bien amélioré.
Au cours d'une de leur séance de l'époque, il fit la connaissance d'une jeune étudiante qui étudier la même filière que lui pendant ses années d'étude à qui il proposa son aide en cas où elle en aura besoin dans le cadre des répétitions. Elle accepta volontiers et les présentations furent faites entre elle et Adjaratou.
Elle vint par moment selon le programme établir à partis de son temps libre et ils répétèrent ensemble dans la pièce qui fut réservé pour le salon.
La maison donc il occupa comptait quatre chambres et un grand salon cet espace libre fut commune mais la plus part des autres locataires l'accordèrent la priorité. Parce que se fut lui qui l'équiper de quelques meubles, donc il eut cet avantage quand il reçut ses visiteurs.
Un jour où elle vint pour une répétition comme programmer, Bello fut entrain d'écrire sur le petit tableau qui les servit à faire des devoirs quand elle dit:

- S'il te plait Bello attendons un peu avant de commencer, je sorts d'une course, accorde moi quelques minute de repos.
- Ok, je vais alors finir le film que je visionnais pendant ce temps.

Elle demanda de finir le film avec lui, trouvant pénible de transporter la télé et le D.V.D de la chambre pour le salon il l'invita d'entrer dans sa chambre. Elle prit place sur l'une des poufs qui décorer les lieux.
Un petit temps après pendant que le film continua de jouer, il lui vit retirer le haut de ses vêtements et resta avec son soutien-gorge en disant avoir chaud. Il ne parvint pas à se contenir voyant une telle belle fatale silhouette devant lui. Comme si tout fut préparé d'avance , lorsqu'il lui demanda de venir ce couchée à ses côtés, elle obtempéra sans mot dit et ils commencèrent à s'amouracher, chose qui ce termina corps sur corps tous deux nues.

Après la jouissance elle ce pressa de se revêtir de ses vêtements et partit sans qu'ils ne répétèrent, il ne lui revit plus chez lui sauf lors des congrès.
Et quand il lui demanda pourquoi elle ne vint plus aux répétitions, elle lui donna plusieurs raisons aux quelles il ne comprit rien du tout.

Un week-end qu'ils furent entrain de passer un bon moment Adjaratou et lui, elle qui joua un jeu vidéo sur le téléphone de Bello et lui qui visionna un match de football à la télévision.

A l'instant qu'elle arrêta et voulut se joindre à lui pour suivre le match ensemble ; pendant qu'il jubila un but marquer par son équipe, ils entendirent la sonnerie de la messagerie.
Quand Adjaratou fut entrain d'ouvrir le message, elle lui dit:

- C'est ta petite étudiante que dit-t-elle même de bon?
- C'est à toi de me le dit puisque le téléphone est entre tes mains.
- Non c'est toi qui doit lire et de m'expliquais ce que cela veut dire tout ceci.

En ce levant elle lança l'appareil sur lui son apparence changea, elle devint furieuse et se tint devant lui attendant ainsi une réponse de sa part.
Il prit l'appareil et se mis à lire le message qu'elle laissa sur l'écran, il ne put s'imaginer que cela put arriver en lisant le texte qui dit:

- Bello je ne pouvais plus supporter de vivre avec cela , je veux que tu le saches. Je suis folle d'amour pour toi sa depuis notre première racontre, c'est pour cette raison que je t'ai donné ma virginité. Même comme je savais que tu ne m'aimeras jamais comme tu aime l'autre.

Devant une telle preuve flagrante il ne réussit pas à faire sortir un seul mot de sa bouche, inclinant les yeux vers le sol, il voulut attraper la main d'Adjaratou qu'elle refusa avec force et sortit en étant en irritation cela se vis sur son visage.

Après quelques heures de remord il lui suivit chez elle, arrivée devant leur porte il demanda à sa sœur de vouloir voir Adjaratou quand celle-ci l'ouvrit après avoir frappé elle lui répondit:

- Elle m'a demandé en arrivant de te dit qu'elle n'aura pas le temps à t'accorder si tu te présentais. Sans vouloir t'exaspérer je ne te permettrai pas te faire souffrir ma petite sœur ; je t'aime bien mais vue la manière dont elle est rentré il faudra plus que cela ce répète.

Il lui dit que si sa sœur n'accepter pas lui voir, il passera la nuit sous le seuil de leur porte ; Ce qu'il s'apprêta de fait.

Ce fut à une heure très avancer de la nuit qu'Adjaratou vint elle-même lui demander de partir se couchée chez lui et qu'ils ne purent pas discuter à cet heure de la nuit en remettant ainsi la conversation pour le lendemain après son retour du travail.

Il retourna chez lui triste et chagriner, l'affection qu'il porta pour elle fut trop grande. Bien qu'elle et lui n'eurent jamais de relation sexuel comme ils se mirent d'accord au départ, pas de sexe avant le mariage. Même si il eut essayé plusieurs fois, elle ne céda jamais en lui disant toujours ces mots :

- Rappelle-toi de notre convention.

Ce fut une nuit blanche pour lui ce jour là, le lendemain il se rendit dans une bijouterie où il acheta un anneau de mariage.

A l'heure qu'il sut qu'elle put déjà être de retour du boulot, il se rendit chez elle et demanda à lui voir.

Dès qu'elle fut devant lui, il se mit à genoux en lui tendant l'alliance en disant:

- Je reconnais que je ne suis qu'un pauvre idiot, veux-tu devenir ma femme?

Elle lui regarda pour un instant les yeux fixe dans les siennes sa grande sœur qui se tint derrière elle lui toucha de la main et lui dit tout doucement tous le monde peut commettre d'erreur dans la vie petite sœur, elle se baissa prenant ainsi sa main et lui releva en suite l'embrassa en disant:

- Oui je le veux, je veux bien épouser l'idiot que tu es parce que je t'aime.

Ce fut dans la soirée qu'il se rappela que son absence au travail ne fut pas prévenir, chose qu'il fit à l'immédiat en téléphonant au chef du personnel à qui il inventa une excuse en disant être là le lendemain si cela aller mieux.

Après qu'ils se concertèrent quelques jours plus tard, la nouvelle fut officiellement annoncer en donnant ainsi la date du mariage.
Le grand jour s'approcha peu à peu, ils prévirent d'organiser une petite cérémonie rien qu'avec quelques personnes intimes de leur entourage.
Le grand jour fut enfin arriver, ils se rassemblèrent à l'hôtel de ville. Après que tout fut accomplir, pendant que les femmes présente youyoutèrent à gorge déployée et ils échangèrent congratulations plus compliments. Adjaratou se tenant à ses cotés mit sa bouche tout prés de son oreille et dit:

- Je ne suis pas celle qui va te donner sa virginité parce qu'elle est folle amoureuse de toi, mais parce que tu l'as mérité et que je t'aime, à tout à l'heur pour ton cadeau.

Cette nouvelle lui déborda de joie, il se posa alors la question dans sa tête. Donc dans ce monde où presque toutes les lois du respect de la dignité humaine ont perdue leurs valeurs de moralité, on peut encore trouver des personnes qui ont pu garder leurs puretés?
A vingt-huit ans elle fut encore vierge il n'arriva pas à contenir sa joie, il conta l'histoire de ma nuit de noce aux collègues de service les plus proches ceux-ci ne crurent pas que sa femme put être verge.

En tout cas tout est permis, mais tout n'est pas utile et tout n'édifie pas. Vivant dans une ville du pays, ils mènent leurs vie paisiblement avec leurs trois enfants **Arouna, Fanta et boukar.**

FIN

....

PROVERBES

ET

DEFINITIONS

....

- LES ABSENTS ONT TOUJOURS TORT : on ne peut défendre ses intérêts si l'on est absent.

- AIDE TOI, LE CIEL T'AIDERA : il faut d'abord faire des efforts si l'on veut obtenir l'aide de la providence.

- APRES LA PLUIE, VIENS LE BEAU TEMPS : aux difficultés succèdent le bon moment.

- L'ARGENT NE FAIT PAS LE BONHEUR : les biens matériels ne suffisent pas pour être heureux

- L'ARGENT EST UN BON SERVITEUR ET MAUVAIS MAITRE : l'argent est utile si l'on s'en sert judicieusement, mais néfaste si l'on lui accorde la prééminence.

- UN BIENFAIT N'EST JAMAIS PERDU : tôt ou tard, une bonne action sera récompensée.

- BIEN MAL ACQUIS NE PROFITE JAMAIS : ce que l'on obtient malhonnêtement ne peut être bénéfique.

- BONNE RENOMMEE VAUX MIEUX QUE CIENTURE DOREE : il vaut mieux être estimé que riche.

- C'EST AU FRUIT QUE L'ON RECONNAIT L'ARBRE : la valeur d'une personne se reconnaître dans ses actes.

- L'EXCES DE TOUT EST UN DEFAUT : il faut savoir garder la mesure en tout.

- LES BON COMPTES FONT LES BON AMIS : il faut régler exactement ce que l'on doit pour conserver l'estime de son entourage.

- CHARITE BIEN ORDONNE COMMENCE PAR SOI MEME : il est plus raisonnable de pense à soi avant de penser aux autres.

- LA COLERE EST MAUVAISE CONSEILLERE : il ne faut pas prendre de décision sous l'emprise de la colère.

- IL FAUT FAIRE AVEC CE QU'ON N'A : il faut savoir se contenter de ce dont on dispose.

- IL FAUT JAMAIS DIRE FONTAINE JE NE BOIRAI PAS DE TON EAU : on ne peut affirmer que l'on n'aura jamais recours à quelqu'un ou quelque chose.

- IL N'Y A PAS DE ROSE SANS EPINE : tout avantage, tout plaisir comporte une part de désagrément.

- IL Y A UN DEBUT A TOUT : on ne réussit pas toujours dès les premiers assai.

- LA NUIT PORTE CONSEIL : il est plus sage de renvoyer une décision importante au lendemain.

- NE JUGEZ POINT ET VOUS NE SEREZ POINT JUGES : pour mériter de l'indulgence, il faut en montrer soi-même.

- ON N'A TOUJOURS BESION D'UN PLUS PETIT QUE SOI : il ne faut négliger l'aide que peuvent apporter ceux dont la position est moins élevée.

Printed by Books on Demand GmbH, Norderstedt / Germany